Frank Goosen
Weil Samstag ist

Fußballgeschichten

Für Robert und Ludwig

»Ich ziele nicht.
Wenn ich nicht weiß, wohin der Ball geht,
woher soll es dann der Torwart wissen?«

(Wayne Rooney)

4 5 6   09 08

© Eichborn AG, Frankfurt am Main, August 2008
Umschlaggestaltung: Christiane Hahn unter Verwendung
eines Fotos von »picture alliance«, Walter Vogel,
Fußballspieler in der Nähe von Gelsenkirchen. 1965

Layout: Cosima Schneider
Satz: Greiner & Reichel, Köln
Druck und Bindung: CPI – Clausen & Bosse, Leck

ISBN 978-3-8218-6046-6

Alle Rechte vorbehalten. Kein Teil des Werkes darf in irgendeiner Form
(durch Fotografie, Mikrofilm oder ein anderes Verfahren) ohne schriftliche
Genehmigung des Verlages reproduziert oder unter Verwendung elektronischer
Systeme verarbeitet, vervielfältigt oder verbreitet werden.

Eichborn Verlag, Kaiserstraße 66, 60329 Frankfurt am Main
Mehr Informationen zu Büchern und Hörbüchern aus dem Eichborn Verlag
finden Sie unter www.eichborn.de

Inhalt

I	Grundlagen	7
II	Blog 1: WM 2006	31
III	Leidenschaften	61
IV	Gewinnen ist wie verlieren	85
V	Blog 2: EM 2008	125
VI	Nachwuchsförderung	139
	Dank	159

Grundlagen

I

Wieso Fußball?

Ich stelle mir das so vor: Menschen, die Briefmarken sammeln, Modellflugzeuge bauen oder Turniertanz betreiben, sitzen an einem ereignisarmen Sonntagnachmittag sinnend auf ihrem Wohnzimmersofa und fragen sich: »Wo bin ich in meinem Leben falsch abgebogen?«

So eine Frage stellt sich ein Fußballfan überhaupt nicht. Fragen Sie bei uns in der Gegend einen Fußballfan: »Wieso gehst du ins Stadion?«, antwortet der nur: »Watt?«

Der versteht die Frage überhaupt nicht.

»Wieso gehst du zum Fußball?«

»Is doch Samstach!«

Fußball ist uns zwischen Duisburg und Unna, zwischen Recklinghausen und Hattingen ins Genom übergegangen, unsere Doppelhelix besteht nicht aus Aminosäuresequenzen, sondern aus echtem Leder. Legt ein werdender Vater die Hand auf den Bauch seiner hochschwangeren Frau und spürt den Tritt des Thronfolgers, kann er nicht anders, er sagt: »Kumma, der flankt!«

Und kaum bist du aus dem Bauch raus, bestimmt Fußball über deinen Platz im sozialen Gefüge. Bei uns war das so: Spüli, Pommes, Mücke und ich trafen uns zum Pöhlen zunächst auf den Grundstücken zwischen den Mietskasernen in Stahlhausen, dem »Blaubuxenviertel«, wobei korrodierende Teppichstangen als Tore dienten. Fragten wir unterwegs jemanden, ob er mitspielen wolle, und der sagte: »Nee, ich interessier mich nicht für Fußball«, knallte Mücke ihm vor den Latz: »Wie, du willz nich pöhlen? Bis du schwul oder was?«

Als sich dann Jahre später herausstellte, dass unser Freund Hans Jürgen Spülberger, genannt »Spüli«, tatsächlich lieber auf der anderen Seite des Hügels graste, sah Mücke sich nachträglich bestätigt: »Wundert mich nicht! Wenn der am Ball war, hat der Ball geweint!«

Irgendwann wechselten wir auf die Wiese vor der Schule am Springerplatz. Die Mannschaften wurden zusammengestellt, indem die beiden Jungs mit der größten Klappe – also ich und ein anderer – immer einen Fuß vor den anderen setzend aufeinander zugingen, wobei die Hacke die Spitze berühren musste. Der, dessen Fuß am Ende gerade noch in die Lücke passte, durfte den ersten Spieler auswählen. Das hieß »Pisspott«, und zwar, weil der eine bei jedem Schritt »Piss« sagte und der andere »Pott« antwortete. Bei der Aufstellung bevorzugt wurden technisch versierte »Fummler«, die zwar oft sehr eigensinnig, also wenig mannschaftsdienlich spielten, dafür aber Erfolg versprachen. Und da wir deutsche Jungs beim Fußball waren, stand Erfolg bei uns immer höher im Kurs als so etwas Mädchenhaftes wie »Spaß«.

Am Ende blieben immer ein oder zwei Jungs übrig, mit denen schon auf dem Schulhof keiner spielen wollte. Solche

Typen, die auch noch den obersten Hemdknopf zumachten und selbst im Sommer Pullunder trugen. Dummerweise gehörte meistens einem von denen der Ball.

Ich stand bei diesen Spielen gern im Tor, weil man da nicht so viel rennen musste. Außerdem hatte ich nichts dagegen, mich »zu schmeißen«, also panthergleich noch hinter jedem aussichtslos erscheinenden Ball hinterherzuhechten. Denn ich gehörte zu den Kindern, die sich dreckig machen durften. Andere Mütter waren sauer, wenn ihre Blagen schlammverkrustet und mit dicken Grasflecken auf den Hosen nach Hause kamen. Wenn ich hingegen vom Spiel nicht genug gezeichnet war, schickte meine Mutter mich zurück auf die Wiese!

Ich hatte schon ziemlich früh einen langfristigen Ausrüstervertrag abgeschlossen – mit meiner Omma. Zum Geburtstag und zu Weihnachten gab es regelmäßig die neuesten Trikots, Schuhe und Handschuhe. Auch wenn sich Omma dabei nicht so richtig auskannte. Einmal stand sie im Sporthaus Koch und ließ sich diverse Modelle von Torwarthandschuhen vorführen, wobei ihr die Verkäuferin ein Paar besonders ans Herz legte: »Das sind die besten. Die sind von Kleff!« Darauf meine Omma: »Von welcher Firma die sind, ist doch egal!«

Und auch später, auf dem Gymnasium, war eine Eins im Vokabeltest ein nutzloser Scheiß, wenn man nicht in der Lage war, den Elfer gegen die Penner aus der Quarta B zu versenken.

In den Achtzigern ließ das etwas nach. Man wandte sich alternativen Betätigungsfeldern zu, experimentierte mit Drogen, Alkohol und schmalen, pastellfarbenen Lederkrawatten zu ebenfalls pastellfarbenen Polo-Shirts, probierte universitäre Bildung, intelligente Romane und schlagfertige Frauen, meinte, sich eine ironische Distanz zu seinen tieferen Bedürfnissen ebenso wie zu seiner Herkunft auferlegen zu müssen, und kehrte nach Mauerfall, Heirat, Börsencrash und Vaterschaft wieder dorthin zurück, wo maßgebend is: auffen Platz.

Weil der Platz die Birne frei macht. Viele belastende Fragen kommen überhaupt nicht mehr vor, zum Beispiel: Darf meine Mannschaft gewinnen, auch wenn sie 89 Minuten über den Platz gestolpert ist wie eine Horde Einbeiniger und dann Sekunden vor dem Abpfiff, aus klarer Abseitsposition und nach grobem Foulspiel, die entscheidende Bude macht? Sie *darf* nicht gewinnen, sie *muss*! Glück is mit die Doofen, und wenn die Doofen unsere Doofen sind, ist es kein Glück mehr, sondern die bessere Spielanlage!

Wir im Ruhrgebiet gehen auch nicht ins Stadion, um uns zu amüsieren. Wir gehen da hin, um uns aufzuregen! Beispiel? Jedes Jahr wieder: Das erste Heimspiel der neuen Spielzeit ist gerade mal fünf Minuten alt, noch ist nichts passiert, da brüllt der Mann vor mir zum ersten Mal: »DAT IS DOCH DIESELBE SCHEISSE WIE IN DER LETZTEN SÄSONG!«

In dieser Lautstärke und in diesem Tonfall redet der auch mit seinem Sitznachbarn: »ICH GEH MA PISSEN!«

Und der: »BRING MIR EINS MIT!«

Aufs Klo gehen, ohne Bier mitzubringen, das geht natürlich nicht.

Auch die eigenen Spieler stehen nicht außerhalb der Kritik. Erst neulich, als einer unserer Mittelfeldspieler erfolglos versuchte, einen Ball zu erlaufen, sprang der Orthopäde hinter mir auf und schrie: »SO GEHT MEINE OMMA BRÖTCHEN HOLEN!«

Daraufhin drehte sich der Steuerberater neben mir um und sagte: »Deiner Omma geht es aber nicht gut, was?«

Der echte Fan muss leiden. Und meine Mannschaft, der VfL Bochum, sagt sich immer wieder: Wir geben den Leuten, was sie brauchen! Man muss die Täler durchschritten haben, um die Gipfel wirklich schätzen zu können, und in diesem Sinne hat der FC Bayern keine Fans, sondern nur Zuschauer.

Und wenn meine Frau mich fragt, ob ich mir für den unwahrscheinlichen Fall eines Abstiegs wieder eine Dauerkarte zulegen würde, tut sie das nur, weil sie mich so gerne zurückfragen hört: »Watt?«

Frühe Führung

Meine erste Erinnerung an Fußball ist eine Autofahrt. Ich saß auf der riesigen Rückbank des dunkelgrünen Mercedes 190, den meine Eltern sich eigentlich nicht leisten konnten, in Erwartung einer glorreichen Zukunft aber trotzdem angeschafft hatten, und wir fuhren die Castroper Straße in Bochum hinauf. Ich meine mich daran zu erinnern, dass die Straße voller Männer war, dass wir meinen Vater am Stadion aussteigen ließen und er die Straße überquerte, ohne sich umzuschauen. Mehr als zwei Jahrzehnte später haben wir versucht zu rekonstruieren, zu welchem Spiel mein Vater an diesem Tag ging, und kamen zu dem Ergebnis, es müsse das Halbfinale im DFB-Pokal am 15. Mai 1968 gewesen sein, das der VfL vor 40 000 begeisterten Zuschauern, die sogar auf den Laufbahnen rund um das Feld und bis einen Meter hinter den Toren saßen, mit 2:1 gewann und als erster Regionalligist ins Finale einzog. Das kann aber eigentlich nicht sein, zwei Wochen später wurde ich gerade mal zwei Jahre alt, und dass man sich derart genau an einen Tag so früh in meinem Leben erinnern kann, wird im Allgemeinen als unwahrscheinlich erachtet.

Egal, jedenfalls hat sich irgendwann in frühester Kindheit dieses Bild in mir festgesetzt: Männer auf dem Weg zum Stadion.

Wann ich nach dieser ominösen Autofahrt wieder mit Fußball in Berührung kam, weiß ich nicht mehr genau. Keine Erinnerungen habe ich an etwaige Nachtübertragungen der WM 1970 in Mexiko, und auch die EM 1972, die eine der besten deutschen Nationalmannschaften aller Zeiten erlebte, ist bei mir ein weißer Fleck. Ich bekam nichts mit vom Aufstieg des VfL in die Bundesliga, den Hans Walitza mit herausgeschossen hatte, um dann nach Nürnberg verkauft zu werden. Der Name aber war damals virulent bei uns. »Der schöne Hans«, sagte meine Omma immer. Und mein Oppa: »Der pinkelt auch kein Gold!« So was sagte er immer, wenn ihm die Heldenverehrung meiner Omma auf die Nerven ging.

Die ersten Bundesliga-Jahre meines natürlichen Lieblingsvereins rauschten an mir vorbei. Wie gern würde ich sagen können, ich sei einer der 29 000 gewesen, die im ersten Bundesligaspiel am 14. August 1971 den 1:0-Sieg durch ein Tor von Hannes Hartl bejubelt haben, aber wahrscheinlich habe ich nur zu Hause am Fenster gesessen und Autos gezählt.

Einigermaßen deutlich habe ich die WM 1974 in Erinnerung. Nicht zuletzt deshalb, weil ich bald danach mein erstes WM-Buch geschenkt bekam, das mir beim Nachbereiten half. Halb totgelacht habe ich mich über das Bild aus dem Spiel gegen Schweden, wo Georg Schwarzenbeck von einem Schweden mit dem Finger am Hosenbund festgehalten wurde. Oder hat er selber festgehalten? Das Buch ist leider verschollen. Selbstredend hat sich mir auch die Wasserschlacht von Frankfurt eingebrannt, wo man mit dicken Walzen versuchte, das Wasser wieder aus dem Rasen zu drücken, nachdem es sintflutartig geregnet hatte. Auch das Spiel gegen die DDR spukt noch bei mir im Kopf herum, und dass mein Vater es nicht fassen konnte, mein Oppa aber noch weniger.

Und mit Oppa und Omma habe ich dann auch das Finale gesehen. Keine Ahnung, warum nicht zu Hause mit meinem Vater. Wahrscheinlich hat er mit seinen Kumpels in der Vereinsgaststätte der Kleingartenanlage Engelsburg e. V. in Stahlhausen geschaut.

Meine Omma berichtet heute, mein Oppa und ich hätten uns vor dem Spiel mächtig aufgeregt, da er mit Holländern, den »Käsköppen«, nie was anfangen konnte. Ich hatte noch keine Ahnung vom »totaal voetbal« der Elftal und wusste nicht, dass Jan Jongbloed so ziemlich der erste mitspielende Torwart im modernen Fußball war. Wohl aber war ich über die Maßen irritiert, dass mein Oppa kurz vor der Halbzeit mit einer schwarzen Lederaktentasche Bier holen ging und dadurch Gerd Müllers 2 : 1 verpasste. Dafür fehlt mir noch heute jedes Verständnis. Wie kann man am Tag eines WM-Finales nicht genug Bier im Kühlschrank haben! Aber auch daraus habe ich etwas fürs Leben gelernt: Man darf nicht unvorbereitet in ein wichtiges Spiel gehen. In unserem Keller steht ein zweiter Kühlschrank, der stets zwei Tage vor einem großen Turnier eingeschaltet und aufgefüllt wird.

Keine Chance für Wuppertal

Deinen Verein suchst du dir nicht aus, hat Nick Hornby gesagt, er wird dir gegeben. Ich weiß noch, wie es bei mir angefangen hat: Am 15. Februar 1975 stand ich, im zarten, noch formbaren Alter von acht Jahren, an der Hand meines Vaters zum ersten Mal auf den Stehplatzrängen des Stadions an der Castroper Straße in Bochum. Der VfL gewann mit 4 : 2 gegen den Wuppertaler SV, und das brachte mich auf die falsche Spur: Ich hielt diesen Verein für potenziell erfolgreich. Aber er bereitete mich aufs Leben vor – ich lernte leiden. Das wichtigste Wort im Leben eines VfL-Fans ist das Wort »trotzdem«. Oder, wie es einmal ein unbekannter Meister in der Lokalpresse ausdrückte: »Zum VfL gehen ist, wie wenn dich jede Woche deine Frau verlässt.«

Damals aber, Mitte der Siebziger, schien eine goldene Zukunft unmittelbar bevorzustehen: Ein neues Stadion sollte gebaut werden, das schönste in ganz Deutschland, eines, in dem man gar nicht mehr verlieren KONNTE! Während die alte Spielstätte umgebaut wurde, absolvierte man einige Spiele in Herne am Schloss Strünkede. Und weil bis dahin noch niemand dieses bescheuerte Wort »unabsteigbar« in den Mund genommen hatte, waren sie es noch: Sie konnten einfach nicht absteigen. Zur Not drehten sie es im letzten Spiel. Schön sah das meistens nicht aus, aber egal, Arschlecken, Rasieren einsfuffzich, Mund abputzen, weitermachen.

Am 18. September 1976 dann das erste Spiel vor der neuen Südtribüne, ein Spiel auf der Baustelle. Zur Feier des Tages hatte mein Vater Sitzplatzkarten springen lassen, ganz außen, wo sie etwas günstiger waren: Block A, Reihe 22, Sitz 1 und 2.

Eine nicht ganz erfolglose Thekenmannschaft aus Süddeutschland hatte sich angesagt, der sogenannte »FC Bayern München«, komplett mit Beckenbauer, Maier, Müller, Hoeneß, aber auch Schwarzenbeck und Kapellmann. »Das wird schwer«, hatte mein Vater gesagt, aber zunächst mal sah es gar nicht danach aus. Zur Halbzeit führten Tiger Gerland, Jupp Tenhagen, Ata Lameck und Co. tatsächlich mit 3:0, und mein Vater raunte mir auf dem Weg zur Pausenbratwurst lebensweise zu: »Datt kannze dir gleich ma merken: Die kochen auch nur mit Wasser, die Tiroler!«

Nach dem Seitenwechsel gelang dem VfL sogar das vierte Tor. Und wohl nur wenige Mannschaften wären in der Lage gewesen, ein solches Spiel doch noch zu verlieren. Aber der VfL, die tollste Mannschaft der Welt, schaffte auch das. Mit 5:6 hatten die Bayern uns am Ende die Lederhosen angezogen.

Man redet heute ja viel darüber, wie man ein solches Spiel »verarbeiten« soll. Als der Bochumer Stürmer Jupp Kaczor fast dreißig Jahre später gefragt wurde, wie die Mannschaft dieses Spiel »verarbeitet« habe, sagte er: »Kär, wir haben uns drei Tage lang die Glatze zugezogen.«

Seitdem sind wir die einzige Mannschaft Deutschlands, für die es keinen beruhigenden Vorsprung gibt. In der Saison 2007/2008 führten wir zur Halbzeit gegen den VfL Wolfsburg mit 4:0. In anderen Stadien wird in solchen Momenten auf den Sitzen getanzt, bei uns heißt es nur: »Dat is noch nich gewonnen!« Und: »Weiße noch damals, gegen Bayern?« Kurz nach der Halbzeitpause ging ich aufs Klo, und als ich zurück zu meinem Platz eilte, kam mir auf der

Treppe ein mir unbekannter Fan entgegen und sagte mit Beerdigungsmiene: »4:1!«, als wollte er sagen: Jetzt geht's los! Tatsächlich endete das Spiel 5:3, und am Ende waren wir alle froh, dass es vorbei war.

1979 war das neue Stadion fertig und die Zukunft nur noch eine Frage der Zeit. Mittlerweile war ich bei fast jedem Heimspiel. Kamen Krachermannschaften wie Gladbach oder Dortmund, waren wir schon um ein Uhr in der Ostkurve. Wir verunglimpften die gegnerischen Fans als haltloses Pack, das Unzucht mit Tieren trieb, und ziehen den Torwart einer Gelsenkirchener Vorortmannschaft der gleichgeschlechtlichen Liebe: »Norbert Nigbur ist homosexuell!«, zur Melodie von »Yellow Submarine«. Ob's passte oder nicht, forderten wir immer wieder: »Gelbe Karte, Rote Karte, Raus-die-Sau!«

Seinerzeit waren Stadionsprecher noch keine geföhnten Animateure, sondern gesetzte, ernsthafte Herren mit sonorer Stimme und allenfalls der Lizenz zum Schmunzelnmachen. In Bochum war das der »Jugendwart« Erwin Steden, dessen seriös-monotoner, angenehm leidenschaftsloser Vorschlag zur Abendgestaltung des angebrochenen Samstags sich mir besonders ins akustische Gedächtnis gebrannt hat: »Und nach dem Spiel: Zagreb-Rauchfang!« (Heute muss man den Jüngeren erklären, dass das mal ein jugoslawisches Restaurant gewesen ist. Und den ganz jungen, was mal Jugoslawien gewesen ist.)

Legendär auch die erfundenen Ansagen zur Aufheiterung des Publikums, wenn das Spiel mal wieder verflachte: »Herr Erwin Lindemann wird gebeten, seine Frau anzurufen, er ist soeben Vater von Drillingen geworden!« Ringsum dann immer wieder Gelächter, weil sich niemand vorstellen konnte, dass man wegen einer solchen Lappalie von einem Bundesligaspiel davonlief!

Ein paar Mal schien die Zukunft endlich da zu sein, durfte der VfL am großen Erfolg schnuppern: 1968, als man nach einem denkwürdigen Halbfinale, in dem man den FC Bayern mit 2:1 ausgeschaltet hatte, erstmals ins Endspiel um den DFB-Pokal einzog, wo man allerdings mit 1:4 gegen den 1. FC Köln unterlag.

Genau zwanzig Jahre später war es wieder so weit, diesmal gegen die Eintracht aus Frankfurt. Selbstverständlich wurde uns ein klares, reguläres Tor von Uwe Leifeld wegen angeblicher Abseitsstellung nicht anerkannt. Und dann, in der 81. Minute, das Freistoßtor von Lajos Detari: Nie wieder war ich nüchtern den Tränen so nah!

Was man in so einer Situation nicht braucht, sind dumme Sprüche. Wir verfolgten das Spiel damals, ein paar Mann und Frau hoch, im elterlichen Wohnzimmer meines besten Freundes, während seine Erzeuger sich mit einem befreundeten Ehepaar ins immer noch so bezeichnete »Kinderzimmer« zurückgezogen hatten. Nach dem Schlusspfiff hockten wir wie ausgespuckt da und fühlten uns scheiße, als der Mann des befreundeten Ehepaares zur Tür hereinschaute und sagte, man gehe nun zum Italiener. Und grinsend fügte er hinzu: »Ihr könnt uns ja anrufen, falls der VfL doch noch gewinnt!« Wohlgemerkt, der Endstand war dem Mann bekannt. Selten war ich so nah davor, einen Menschen unter den nächsten Bus zu stoßen.

Am nächsten Tag waren dennoch mehr als 10 000 Menschen auf dem Bochumer Rathausplatz. Trainer Gerland, der Harte Hermann aus Weitmar, schämte sich seiner Tränen nicht.

1997 erreichte der VfL dann tatsächlich den UEFA-Pokal und drang bis in die dritte Runde vor. Und warum? Weil sich die ersten beiden Gegner über die vom Hauptsponsor aufgezwungenen, schreiend bunten Papageienleibchen halbtot lachten.

Das Ausscheiden aus dem gleichen Wettbewerb im Jahre 2004, nach zwei Unentschieden gegen Standard Lüttich durch ein Tor in der Nachspielzeit, hat den Psychotherapeuten viele neue Patienten in die Arme getrieben. (Näheres regelt eine eigene Geschichte weiter hinten.)

Als Vater besteht meine wichtigste Aufgabe darin, den eigenen Nachwuchs anzufixen, beziehungsweise »behutsam an die Materie heranzuführen«. Am frühen Samstagabend liegen wir drei Mann hoch vor der Glotze. Zwischendurch lasse ich die Jungs an der Bierflasche riechen oder zeige ihnen, dass zwischen der geschlossenen Zwiebeldecke und dem nährstoffarmen Weizenbrötchen doch auch Mett lungert. Dann üben wir maskulines Am-Sack-Kratzen und wie man die Forderung »Lauf, du faule Sau!« in einem einzigen Rülpser unterbringt.

Und wenn es mal nicht so läuft, beruhige ich sie: »Macht euch nichts draus. Wuppertal packen wir immer!«

Kleiner Stadion-Knigge

Die zunehmende Popularität des Fußballsports hat dazu geführt, dass sich immer mehr Menschen in den Stadien aufhalten, die mit der dort gängigen Etikette nicht ausreichend vertraut sind. Dies kann zu Missstimmungen führen, die nicht selten in Ausschreitungen enden. Um dies zu vermeiden, seien Gelegenheits-Stadionbesuchern hiermit ein paar Regeln an die Hand gegeben.

1. Erscheine rechtzeitig! Eine halbe bis dreiviertel Stunde vor Beginn sollte man sich eingefunden haben, um nicht kalt ins Spiel zu gehen und um den Getränke- und Wurstverkauf anzukurbeln. Es ist für einen guten Zweck: den Verein!

2. Zeig deine Farben! Speziell wenn man Karten für lau ergattert hat, sollte man irgendwas Blaues tragen. Trikot ist wünschenswert, aber es gibt auch schöne T-Shirts. Fehlender Schal sollte meiner Ansicht nach ein Grund sein, gar nicht erst reingelassen zu werden.

3. Mach Krach! Das Heimteam ist anzufeuern, bis der Hals wehtut. Wird man von der Fankurve dazu aufgefordert, hat man sich zu erheben. Auf die Frage »Wen lieben wir?« ist nicht mit einem Frauen- oder auch nicht mit einem Männernamen zu antworten, sondern mit der jeweils gebräuchlichen Kurzform des Namens der gastgebenden Mannschaft.

4. Zick nicht rum beim Bierholen! Jeder ist mal dran. Kleinliches Nachkarten, wer am Ende des Spiels mehr bezahlt hat, ist verpönt. Das ist wie mit den Fehlentscheidungen des Schiedsrichters: Über die Saison gleicht sich das aus. Sorge überhaupt mit deinem Verhalten am Bierstand dafür, dass die Abwicklung des Getränkeverkaufs weitgehend reibungslos vonstatten gehen kann. Der Autor dieser Zeilen musste während eines Bundesligaspiels einmal miterleben, wie der Mann vor ihm um einen Bewirtungsbeleg bat! Solche Menschen wollen wir nicht um uns haben!

5. Sei freundlich zu Leuten, die Softdrinks zu sich nehmen. Sie mögen ihre Gründe haben. Nur holen müssen sie sich das Zeug selbst.

6. Mach bei uns in Bochum keine Bemerkungen über die Toiletten! Wir können es nicht mehr hören! Ja, sie sind mies! Aber: Ein Fußballstadion ist kein Ballhaus. Zu unserem Leitbild gehören soziale Verantwortung und Toleranz. Das heißt, wir solidarisieren uns mit Menschen in ärmeren Gegenden der Welt, indem wir das Niveau unserer sanitären Anlagen dem ihren angleichen.

7. Frag NIEMALS UND UNTER KEINEN UMSTÄNDEN, warum wir den Stürmer XY oder den Torwart Z, die in der letzten Saison so gut waren, verkauft haben!

8. Solltest du einen Stehplatz haben, mach dich nicht über Leute auf der Sitztribüne lustig! Sie könnten Kolumnen über dich schreiben!

9. Erwähne NIEMALS UND UNTER KEINEN UMSTÄNDEN Mannschaften, gegen die das Heimteam irgendwann mal tragisch aus einem nationalen oder internationalen Wettbewerb ausgeschieden ist. Benutze zum Beispiel in Bochum NIEMALS UND UNTER KEINEN UMSTÄNDEN das Wort »Lüttich«. Sag nicht mal was über Belgien. Solltest du es doch tun, bedenke: Du handelst grob fahrlässig, und die Folgen werden von keiner Krankenkasse getragen!

10. Komm wieder! Geh nicht nach nebenan, egal ob Osten oder Westen. Ansonsten soll eitriger Grind deinen Schädel überziehen, und 18 x 48 Jahre soll schwerer Alpdruck deine Nächte beherrschen, bis du erkennst, dass mehr Geld keinen schöneren Verein macht!

Außer natürlich, der Verein wäre unser.

Sätze, die ich beim Fußball nicht hören will

1. »*Wer spielt da eigentlich?*«
Wer es nicht weiß, den interessiert es nicht, und wen es nicht interessiert, der soll anderen nicht die Sicht nehmen! Raus!

2. »*Ist das Grüne der Rasen?*«
Sogenannte »scherzhafte Bemerkung« von fußballophoben Subjekten, die ihre ironische Distanz zum Spiel ausdrücken wollen. Ebenfalls raus! Bei Weigerung Körperstrafen ohne vorherige Androhung!

3. »*Ist noch Bier da?*«
Sollte während einer Fußballübertragung nie eine Frage sein. Die Kommunikation in dieser Beziehung sollte sich auf das Nötigste beschränken: etwa auf Bestellungen mit »Mamma« und »Nonne«: »Mamma nonne Runde!« (Achtung Flachspaß!) Oder auf Trinksprüche wie »Hau wech, is Beute!«

4. »*Nee, aber in der Halbzeit fahre ich zur Tanke!*«
Das ist der GAU. Beziehungsweise DIE GAU: Die Größte Anzunehmende Unfähigkeit des Gastgebers, der einerseits völlig unnötig diese Versorgungslücke hat entstehen lassen, andererseits dann auch noch zur Deckung dieser Lücke übersteuertes Tankstellenbier besorgen will!

5. »*Ich glaube, das war Abseits!*«
Wie die Altvorderen schon sagten: »Glauben kannze inne Kirche!« Faustregel bei Abseits: Der Gegner ist drin, wir nicht!

6. »*Also, die Abseitsregel habe ich nie verstanden!*«
Ist ungefähr so peinlich wie die Behauptung, man könne seinen Videorecorder nicht programmieren oder kein Ikea-

Regal aufbauen. Wer bis zwei zählen kann, versteht auch die Abseitsregel. Das entsprechende intellektuelle Niveau ist jedoch bei Anhängern gegnerischer Clubs meist erschreckend schwach ausgeprägt.

7. »*Die sehen aber süß aus, die Italiener!*«

Deutet auf die Anwesenheit von Personen hin, die am eigentlichen Sinn des Spiels nicht interessiert sind. Schönheit ist irrelevant. Die besten Spieler der letzten zehn Jahre (Zidane, Ronaldo, Ronaldinho) sind nicht schön. Und das ist auch gut so. Sie sollen sich optisch dem Gros der Zuschauer anpassen, damit die keine Komplexe kriegen.

8. »*Können wir nicht mal auf das Bayern-Spiel umschalten?*«

Konferenzschaltung im Radio ist Kult. Im Pay-TV aber nervig. Nie ist man da, wo gerade was passiert. Es ist fast unmöglich, die Leistung der Mannschaft zu beurteilen. Und auf das Bayern-Spiel wird sowieso nicht umgeschaltet.

9. »*Gut gesehen vom Schiri!*«

Der Schiedsrichter sieht NICHTS gut, GAR NICHTS! Wenn man damit anfängt, hört man demnächst auch Dieter Bohlen, von wegen: Ist doch alles Geschmackssache! Es gibt Wahrheiten, die dürfen einfach nicht angezweifelt werden. Der Mensch stammt vom Affen ab? Lachhaft!

10. »*Das war ein glücklicher Sieg.*«

Siege machen glücklich, sind aber bei der eigenen Mannschaft nie durch Glück zustande gekommen, sondern per Definition stets clever herausgespielt worden. Selbst bei nur 20 Prozent Ballbesitz und nachdem dem Gegner vier reguläre Tore nicht anerkannt worden sind.

Strafe muss sein!

Sie kennen die Situation: Sie sitzen oder stehen auf der Tribüne, verfolgen das Treiben auf dem Rasen und haben den Eindruck, noch beim Rülpsen arbeiten Sie mehr als das Gesindel auf dem Platz. Wie schnell stiehlt sich da Unflätiges auf die Lippe: Von »Die Spielen wie die Lehrer!« über »Beamtenfußball!« bis hin zum Klassiker: »Scheiß Millionäre!« Nun ist es ja nicht so, dass man den jungen Männern das Geld nicht gönnen würde. Wenn allerdings die Diskrepanz zwischen Entlohnung und Engagement etwas zu groß ist, wird man eben doppelt sauer.

Die Ausreden sind Legion: Das Gras war zu hoch, der Druck zu hoch oder nicht hoch genug, dann waren da der Wind und die Sonne, und wenn gar nichts mehr hilft, war es der Schiedsrichter.

Wie aber kriegt man die Herren Spieler dazu, ihr »Potenzial abzurufen«? Früher ließ man schlappe Kicker Strafrunden um den Platz drehen, bis sie Blut spuckten. Udo Lattek fordert das noch heute jeden Sonntagmorgen im Fernsehen. Auch Gardinenpredigten vor versammelter Mannschaft standen hoch im Kurs. Und wenn gar nichts mehr half, kam der Präsident zu Hause vorbei und sprach zwischen Sitzgruppe und Couchtisch Tacheles.

Später ging man zu den sogenannten »Einzelgesprächen« über. Der Trainer ist heute vor allem als Psychologe gefragt, muss die »richtige Ansprache« finden. Diese Bereitschaft zum Gespräch wird von den Spielern weidlich ausgenutzt. So berichtete Klaus Augenthaler im Interview, ein Spieler habe ihn am späten Abend zu Hause angerufen, weil ihm »Batterien für ein technisches Gerät« fehlten.

Das hätte es bei einem wie Ernst Happel nicht gegeben: »Wann'S red'n wollen, müssen'S Staubsaugervertreter werden!«, meierte der schon mal einen Angestellten ab.

Apropos meiern: Hans Meier drohte in Nürnberg schon mal, einen Spieler zu erschießen. Außerhalb der Mannschaft wurde das nicht ernst genommen. Innerhalb der Mannschaft schon! Am Ende holte man den DFB-Pokal.

Als verantwortungsbewusste Fans möchten wir den Trainern natürlich immer gern unter die Arme greifen. Aus Indien wird berichtet, dass Anhänger des nationalen Cricket-Teams für Spieler, die es nicht gebracht haben, schon mal Scheinbegräbnisse ausrichten. Das mag etwas drastisch erscheinen, obwohl ich persönlich sicher schon das eine oder andere Mal einer Einladung zu einer solchen Veranstaltung mit Freuden gefolgt wäre. Schon wegen der Schnittchen hinterher.

Als Vater zweier Kinder hätte ich da einen ganz anderen Vorschlag: Wenn die Herren Profis sich mal wieder haben hängen lassen, sollte man sie dazu verdonnern, am Tag nach dem Spiel in die Familien zu gehen, vor den unzähligen Sechs- bis Zehnjährigen, die ihnen ihr Herz vermacht haben, in die Hocke zu gehen, ihnen in die Augen zu schauen und zu sagen: »Ich verdiene zwar 10–50-mal mehr als dein Vater, aber weißt du, ich hatte gestern irgendwie keine Lust.«

Es gäbe dann immer noch Siege und Niederlagen, nur einer würde Meister und drei stiegen ab. Aber in den meisten Stadien müsste man etwas öfter den Rasen erneuern.

Der weibliche Faktor

Das Problem beim Fußball war immer, dass er nie dazu taugte, Mädchen aufzureißen. Irgendwie zählte bei ihnen nicht, dass man die 54er-Weltmeistermannschaft auswendig hersagen konnte oder wusste, welches Auto Franz Beckenbauer fuhr. Und doch lässt sich im Laufe der Jahre eine Veränderung im Spannungsverhältnis »Frauen und Fußball« erkennen.

Das erste Fußball-Großereignis, an das ich mich bewusst erinnere, war die WM 1974. Die Frauen in meinem Leben nahmen daran nur oberflächlich Anteil. Meine Mutter telefonierte mit einer Freundin und meine Omma löste während der Spiele Kreuzworträtsel – was meinen Oppa immer wahnsinnig machte. Er erlaubte ihr aber auch nicht, während eines Spiels etwas anderes zu machen:

»Guck doch da hin!«

»Interessiert mich doch nicht!«

»Guck trotzdem da hin!«

Vier Jahre später war es ausgerechnet die Schmach von Cordoba, die meine Omma dazu brachte, von ihrem Rätselheft aufzusehen. Die bundesdeutsche Elf leistete sich gegen den Fußballzwerg Österreich ein denkwürdiges 2:3, in dessen Verlauf ein gewisser Hans Krankl zum bedeutendsten Österreicher seit Mozart wurde. Und da meine Großeltern seit Jahr und Tag nach Bregenz auf Urlaub fuhren (weil mein Oppa meinte, er mache nur in Deutschland Urlaub), war die Alpenrepublik im Hirn meiner fußballabstinenten Omma durchaus positiv besetzt. Sie hob den Kopf und sagte: »Kannze ma seh'n: die Österreicher!« Der anerkennende Unterton brachte meinen Oppa maximal in Rage, und von da an fuhren sie wieder nach Schleswig-Holstein.

Als am 29. Juni 1982 Deutschland in Madrid in der zweiten Finalrunde der WM gegen England spielte, lag ich mit Claudia im Bochumer Kortumpark und riskierte beim Knutschen immer wieder einen Blick auf die Uhr. Um 21.00 Uhr wurde angepfiffen, und Claudia musste um neun zu Hause sein, es passte also perfekt. Ausgerechnet diesen Abend jedoch suchte sie sich aus, um einerseits gegen die Erziehungsmethoden ihrer Eltern zu opponieren und andererseits meinem Angebot zum verschärften Nahkampf endlich nachzugeben. Was tun? Ich wog ab: Auf der einen Seite ein Länderspiel bei einer Weltmeisterschaft, auf der anderen Seite ein tolles, rothaariges Mädchen in einem blauen Bikinioberteil. Vor einer solchen Wahl steht man nicht gern. Ein Teil von mir (ziemlich genau in der Köpermitte angebracht) schrie mir förmlich entgegen: »Bist du bescheuert? Das ist nur ein Fußballspiel! Lass mich sofort hier einparken!« Ein anderer Teil von mir flüsterte: »Das ist doch nur Sex! Willst du wirklich einen potenziellen Länderspielklassiker, über den man vielleicht noch in vierzig Jahren mit der Zunge schnalzen wird, verpassen nur für ein paar Minuten flüchtiger Ekstase?« (Dass es mehr als ein paar Minuten dauern würde, war in meinem Zustand sehr unwahrscheinlich.)

Natürlich löste sich das Problem gleichsam von selbst, denn zum einen war durch das ganze Nachdenken alles, was Ekstase hätte produzieren können, in sich zusammengefallen wie ein Kuchen, den man zu früh aus dem Ofen genommen hatte, zum anderen befanden wir uns in einem öffentlichen Park unter freiem Himmel, und tatsächlich sammelten sich da oben am Weg schon erste Passanten, um sich anzusehen, was die beiden verknäulten Teenager da anstellten. Was ich zu diesem Zeitpunkt nicht wusste: Der Kortum-Park war in jenen Tagen ein beliebter Schwulentreffpunkt, und die Jungs da oben am Weg waren weniger getrieben von geilem Voyeurismus als vielmehr von einer diffusen Lust am Ekel.

Kurz vor Ende der ersten Halbzeit kam ich zu Hause an, und der müde Kick endete 0 : 0. Also wie bei mir und Claudia.

Am 21. Juni 1986 kam es im Laufe der Abiturfeier des Gymnasiums am Ostring in Bochum zum klassischen Konflikt. In der Pausenhalle scheiterte die versammelte Weiblichkeit bei dem Versuch, eine ausgelassene Party hinzukriegen, versammelte sich ziemlich angesäuert unter dem zuckenden Rot-Blau-Gelb-Grün der Lichtorgel und schmollte zu Soft Cell, Boy George und ähnlicher Tunten-Mucke. Im Raum Biologie II hockten in vier hörsaalartig ansteigenden Reihen die pickeligen Herren und verfolgten das Viertelfinale zwischen Deutschland und Mexiko, angeführt vom Hausmeister, der in der ersten Reihe den schmalen Durchgang zwischen Tisch und Fernseher vermittels einer Deutschland-Fahne versperrte. In der Verlängerung steckte kurz Nicole ihren Kopf zur Tür herein, um zu fragen, wie lange »der Scheiß« denn noch dauern würde, was mein niemals um eine schlüpfrige Antwort verlegener Kumpel Mücke mit der denkwürdigen Sentenz beantwortete: »Mach die Tür von draußen zu oder komm rein und blas mir einen!«

»Bist du bescheuert?«, sagte ich, da mir das dann doch zu weit ging.

»Mann!«, lüsterte Mücke, mit dem Satz KANN ich doch nur gewinnen: Entweder wir sind sie los, oder sie hockt sich wirklich bei mir untern Tisch! Und kannst du dir was Geileres vorstellen, als ausgerechnet beim Fußball einen gepustet zu kriegen?»

Nein, konnte ich nicht, aber das sagte ich nicht. Dachte aber, dass das ein schöner Kompromiss vier Jahre zuvor gewesen wäre.

1990 interessierte sich die Frau, mit der ich damals etwas mehr Zeit verbrachte, mehr für das ganze Drumherum als für die Sache an sich. Sie studierte Psychologie und fand es faszinierend, »wie konsequent Männer sich ihren Atavismen hingeben, indem sie bereitwillig auf das Niveau des Pleistozän regredieren – findste nicht?«, und ich antwortete: »Watt?«

'94 lagen sie dann schon sabbernd vor der Glotze, nur weil Roberto Baggio mit seinem albernen Zöpfchen über das Spielfeld rannte. Es ist nicht möglich, ein Fußballspiel wirklich zu genießen, wenn man selbst rülpsend mit einem Bier in der Hand dasitzt und grunzt »Das war Abseits, du Arsch!«, während die eigene Freundin nur davon säuselt, wie süß die Italiener sind.

'98 die letzte WM in Freiheit. Kurz darauf lernte ich meine Frau kennen. Sie interessiert sich nicht für Fußball, fühlt sich aber auch nicht vernachlässigt, wenn ich mich dieser Leidenschaft hingebe. Erst zu Beginn der Saison 2004/2005 nahm ich sie zum ersten Mal mit ins Ruhrstadion. Nach sechs Jahren war unsere Beziehung so gefestigt, dass ich meinte, ihr auch jene Teile meiner Persönlichkeit offenbaren zu können, die ich im familiären Umfeld eher unter Verschluss halte. Später gab sie zu, die meisten der von mir während des Spiels hervorgeschleuderten Begriffe schon mal gehört zu haben, aber doch ehcr in Fernsehdiskussionen über schwere urologische Erkrankungen. Ich fragte sie, ob ich die Formulierung benutzen könne, und sie meinte: »Bitte sehr.« Die perfekte Symbiose: Ich gucke Fußball, und sie schreibt mir die Gags. So kann es meinetwegen weitergehen.

Blog 1: WM 2006

Mittwoch, 7. Juni

Kurz vor Warendorf liegt eine Deutschlandfahne im Staub. Das Publikum beim letzten Auftritt vor der WM reagiert gereizt, als ich Advocatus-Diaboli-artig beckmessere, das könne ein Bild für das Abschneiden der deutschen Mannschaft sein.

Eine der wichtigsten Voraussetzungen für einen angstfreien Genuss des Turniers ist jedoch seit Ostermontag erfüllt: Der VfL Bochum ist aufgestiegen. Das Weltkickertreffen als Anhänger eines Zweitliga-Vereins zu erleben, wäre eine zu große Prüfung gewesen.

Freitag, 9. Juni

Nur ein paar Stunden noch. Schwiegermutter ist zu Besuch, weil morgen unser Zweitgeborener Geburtstag hat. Als ich nicht hinsehe, klemmt sie eine Deutschlandfahne an die Fensterbank. Eigentlich war die Losung: entweder alle Nationalflaggen oder keine. Schon gar kein einsames Schwarz-Rot-Gold. Aber wie macht man das dieser Generation klar?

Der Thronfolger geht im Trikot in den Kindergarten. Guter Junge. Außerdem hat es ihm der Name Lukas Podolski angetan. Ich erkläre dem Jungen das Wort »Torschützenkönig«. Er sagt, das will er auch mal sein. Die Vorbereitung für die WM 2022 läuft ab JETZT!

Am Morgen noch mal ein schüchterner Blick aufs Ticketportal der FIFA. Auch mit vierzig kann man noch sehr naiv sein. In den letzten Tagen hatte sich da nichts mehr abgespielt. Und heute? Verdammte Kacke! Trinidad/Tobago gegen Schweden morgen in Dortmund! Gelbe Symbole in den ersten drei Ticketkategorien! Draufklicken, den verzerrten Code eingeben, fluchend im Warteraum alle dreißig Sekunden diesen beschissenen Button »Neuer Versuch« anklicken! Plötzlich scheint Trinidad/Tobago gegen Schweden das heißeste Spiel der ganzen WM zu sein! Mist! Rausgeflogen. Jemand anders war angeblich schneller. Zurück zur Ticketübersicht. Was ist das? Viertelfinale in Hamburg hat ebenfalls ein gelbes Symbol! Sind die besoffen? Wollen die mich verarschen? Dreimal darf ich auf »Neuer Versuch« klicken. Nach dem ersten Mal klingelt der Mann von der Rollladenfirma, der den Schalter der Terrassenmarkise reparieren will. Sie kommen doch allein zurecht, oder? Wie kann der so cool bleiben? Scheiße, beim Viertelfinale wieder rausgeflogen (prophetische Formulierung?). Trinidad/Tobago gegen Schweden ist wieder im Angebot. Ist mir doch egal, was da für ein Schalter drankommt, Hauptsache, er funktioniert, und wenn nicht, nehmen Sie doch die ganze bescheuerte Markise mit, wer braucht schon eine Markise, wenn er die Chance hat, Trinidad/Tobago gegen Schweden zu kriegen? Wieder rausgeflogen. Nun labern Sie mich doch nicht von der Seite an! Es gibt zwei Resale-Tickets für

Mexiko gegen den Iran! Sie werden doch nach Stunden bezahlt, also entspannen Sie sich!

Irgendwann ist der Mann von der Rollladenfirma weg und es gelingt mir, wieder meiner eigentlichen Arbeit nachzugehen: Ein neues Buch will geschrieben werden. Kurz vorm Mittagessen wird abgespeichert. Dann aber noch mal kurz nachschauen, was an der Ticket-Front los ist. Nur kurz mal hingucken! Ich will gar nicht kaufen oder so.

Um kurz vor drei will ich den Computer, der laut meiner Frau gar nichts dafür kann, aus dem Fenster schmeißen, um mit dem Auto sechsmal drüberzufahren. Das aber wäre nur ein Spektakel für die Nachbarn.

Kurz nach drei bin ich verabredungsgemäß im »Tierpark's«, wo Scotty mit dem Beamer kämpft. Kein Signal. Und die Bedienungsanleitung ist in Pidgin-Englisch. Schweißperlen auf zwei geröteten Stirnen. Gegen vier schwebt ein Fremder herein, der die Sache mit zwei Handgriffen erledigt und dann wieder im sommerlichen Nachmittag verschwindet. Eine höhere Macht lenkt diesen Tag!

Wir drapieren die Preise für die Tombola auf einem Tisch in der Ecke. Paar interessante Bücher sind dabei, Campingstühle in Schwarz-Rot-Gold, WM-Bälle, Tipp-Kick-Figuren und Frühstücksbrettchen mit Fußballmotiven. Wie ich mich kenne, werde ich wohl eines der beiden Serviettenpakete gewinnen.

Die Eröffnungsfeier. Der Rest der Welt glaubt schon ewig und drei Tage, Deutschland bestehe vor allem aus Bayern und auch Westfalen, Friesen und Sachsen in Lederhosen hauen sich selbst ständig auf den Arsch und die Füße. Damit die Welt dort draußen nicht irritiert ist, kommt jetzt ein Haufen Typen aufs Feld, die in Lederhosen sich selbst auf den Arsch und die Füße hauen. Fassungsloses Entsetzen macht sich breit. Klar, dann baumeln noch Menschen in Fantasiekostümen irgendwo runter, was die Sache irgendwie poetisch machen soll, und dann gibt es noch Hip-Hop mit Hüten und Grönemeyer mit Afrikanern. Was bleibt, sind die Lederhosen, gegen die wir jetzt im Ausland wieder jahrelang anreden müssen.

Kurz vor Beginn stößt noch der fünfjährige Thronfolger hinzu, dem Vattern einen Platz in der ersten Reihe gesichert hat. Er wird das einzige anwesende Kind unter zehn Jahren sein, das das gesamte Spiel verfolgt. »Der kann sich halt noch konzentrieren!«, konstatiert Vattern stolz. Apropos Stolz: Sein erstes fußballaffines Wortspiel gelingt ihm auch noch: »Wenn der Lukas Podolski ein Tor schießt, nenne ich ihn Lukas Postolzki, weil er dann so stolz ist!« Die Saat geht auf!

Nach dem turbulenten Spiel gehen Vater und Sohn durch den Stadtpark nach Hause. Und Vattern hält in der Hand ein frisch erbeutetes Paket Servietten.

Sonntag, 11. Juni

Echtes WM-Fieber beginnt sich einzustellen. Nach dem Aufwachen gegen halb neun erstmals die bange Frage: Wie kriege ich die sechseinhalb Stunden bis zum Anstoß des ersten Spieles herum? Antwort: Indem ich vor dem Computer hocke und noch versuche, Tickets zu bekommen. Habe mich jetzt eingeschossen auf Korea gegen Togo. Da sind immer wieder Karten im Angebot, einmal komme ich sogar bis zum Log-in-Fenster, aber dann werde ich rausgeschmissen, und zwar mit der Begründung, ich müsse Cookies akzeptieren. Habe ich doch alles gemacht! Entgegen allem, an das ich glaube, bin ich bereit, »Datenschutz« für einen hysterischen Witz linker Spinner zu halten, wenn ich nur noch an das eine oder andere Ticket kommen könnte. Gut, ich habe schon zwei, aber ich bin Einzelkind, ich kriege den Hals nicht voll.

Am Mittag zwinge ich die Familie, mit mir in die Kneipe essen zu gehen, wo wir am Freitag das Eröffnungsspiel angeschaut haben, und blicke während der Nahrungsaufnahme immer wieder zu dem ausgeschalteten Fernseher hinüber und versuche, ihn kraft meiner Gedanken einzuschalten und mit Fußball zu füllen.

Nach dem Essen besichtigen wir das neue Seehundbecken im Bochumer Tierpark. Die Tiere haben keinen Ball dabei, interessieren mich also nicht.

Endlich ist es 15.00 Uhr. Holland, mein Tipp für den Weltmeistertitel, gegen Serbien-Montenegro. Fazit: Mann kann nur hoffen, dass Deutschland nicht gegen Oranje antreten muss. Wenn Arjen Robben nämlich mit Arne Friedrich fertig ist, zieht Arne Friedrich wieder bei seiner Mutter ein.

Abends im Bett langes Wachliegen. In den Laken die Angst, sie verlieren die nächsten zwei Spiele, und dann kommt Matthias Sammer.

Gegen drei Uhr morgens fahre ich schweißgebadet auf und schreie: »NEIN!« Von Lothar geträumt. Unruhe bis zum Morgengrauen.

Montag, 12. Juni

Der Tag beginnt damit, dass sich ein Verdacht zur Gewissheit verdichtet: Die endlosen Stunden, die ich vor dem Computer verbracht habe, um an Karten zu kommen, waren völlig umsonst. Mit dem Apple-Browser »Safari« ist das technisch nicht möglich! Deshalb bin ich zweimal aus dem Bestellvorgang gekickt worden! Schweres Fluchen, schlimme Schimpfwörter. Aufsteigendes Bedürfnis, Gewalt gegen Dinge anzuwenden. Kontakt der Stirn mit dem kühlen Küchenfußboden bringt nach einer halben Stunde Linderung der Beschwerden. Zum Glück ist an diesem Vormittag niemand zu Hause, dem ich ein schlechtes Beispiel sein könnte. Auf Weisung eines Apple-Fachmannes meines Vertrauens lade ich mir einen neuen Browser aus dem Netz. Mal sehen.

Nach dem Mittagessen bringt ein familiäres Ereignis die Wende in der Stimmung: Der Zweitgeborene, der zwecks Windelentwöhnung und wegen des formidablen Wetters unbekleidet herumläuft, nutzt die bärenförmige Kindertoilette auf der Terrasse erstmalig für das, wofür sie gebaut wurde! Sein Bruder sorgt dafür, dass es die ganze Nachbarschaft erfährt! Vater und Großmutter tanzen! Toll gemacht! Und so groß! Sonst wird es ja immer in der Windel plattgesessen, da kriegt man ja keinen richtigen Eindruck.

Gegen drei trifft der dreizehnjährige Neffe aus Nürnberg ein, um den Rest der Woche bei uns zu verbringen. Die zweite Halbzeit Australien gegen Japan kriegen wir noch mit. Nebenher ständiges Aufsuchen des Ticket-Portals im Internet. Jagdfieber am Rande der Sucht.

Plötzlich das Undenkbare: ein grünes Symbol! Tickets in Fülle! Schnell draufklicken! Welches Spiel? Ukraine gegen Tunesien? Ist wurscht! Ich will wissen, ob dieser Browser hinkriegt, was dem anderen verwehrt wurde!

Ich bin drin! Meine Güte, ich bin drin! Johi, der Nürnberger, schreit: »Wir wollen alle!«

Nummern, ich brauche Nummern! Von euren Ausweisen. In Nürnberg angerufen, Nummern besorgt, alles eingegeben, sechsmal vertippt. Fliege ich jetzt wieder raus? Auf dem Bildschirm erscheint plötzlich etwas, das sich »Bestätigung« nennt. Das kann nicht sein! Sekunden später eine Mail der großen FIFA: »Sie haben Tickets für die FIFA WM 2006 ™ erworben!« Und nebenher die dramatische Schlussphase verpasst, in der Australien Japan 3:1 geschlagen hat.

Aber egal! Ich renne nach oben, trete auf den Balkon im ersten Stock und schreie es in die Welt hinaus: »ICH HABE TICKETS FÜR DIE FIFA WM 2006 ™ ERWORBEN!«

Lob aus Nürnberg. Schwager, Sohn 2 und einz'ge Tochter werden dabei sein. Sohn 1 wird leider nächste Woche in Schottland sein, Schüleraustausch.

Für den Fall, dass ich noch mal auf Gold stoße, mailt Schwägerin sämtliche Ausweisnummern und Geburtsdaten, garniert mit dem Hinweis, sie würde mit dem jüngsten Neffen (6) auch noch gerne mit zu diesem Knallerspiel kommen. Naiv, denke ich. Niemals wird sich das Glück zweimal versuchen lassen! Ach, Johi, du kannst gern noch ein wenig auf der Seite herumsurfen, ich brauche jetzt ein Bier!

Ich gehe in die Küche, halte mir die kalte, beschlagene Flasche an die Wangen. Heute morgen war es die Hitze der Wut und der Empörung, nun ist es jene, die den Goldsucher am Klondike befallen haben mag, als er zum ersten Mal feststellte, dass sein Claim was abwarf.

Zurück zum Neffen.

Was ist das? Der Bengel sitzt schon wieder am Bestellformular! Tatsächlich ist er zum zweiten Mal durchgekommen! Jetzt kriegen Schwägerin und Jüngster ihre Tickets! Und auch noch für die erste Platzkategorie! Gleich gehen mir die Ausrufezeichen aus! Ich bin sicher, dass mir das niemand glauben wird! Aber ich schwöre, so ist es gewesen: Am zwölften Juni im Jahre des Herrn 2006 hat mein Zweitgeborener erstmals sein Geschäft in die Toilette gemacht, und Vattern hat erleichtert festgestellt, dass dieses Ticket-Portal doch kein Scherz von »Verstehen Sie Spaß?« mit versteckter Webcam ist.

Am frühen Abend hinterlässt Tschechien einen starken Eindruck. Kein Wunder: Kaum haben Tomas Rosicky und Jan Koller den Irrglauben, sie könnten beim BVB irgendeinen Blumentopf gewinnen, aufgegeben, läuft es rund für sie. Mal abgesehen davon, dass Koller kurz vor der Pause verletzt ausscheidet. Dafür ist sicher das schlechte Training in Dortmund verantwortlich.

Mensch, nicht mal zur WM kann ich davon absehen, auf die Nachbarn einzuteufeln.

Der letzte Gedanke vor dem Einschlafen: »Ukraine – Tunesien! Wahnsinn!«

Mittwoch, 14. Juni
Am Abend dann wird der Fernseher mit dem Deutschland-Schal geschmückt – ein in diesem Haushalt eher unüblicher Vorgang, da wir ansonsten auf zwei Dinge konsequent verzichten: nationale Symbole und Zimmerpflanzen.

Nürnberg-Neffe meldet nach Hause, dass der Onkel nicht weniger als 18 Flaschen Bier kalt gestellt habe! Was in der Frankenmetropole für Überraschung bis hin zum Entsetzen sorgt. Wo ist der Junge da nur hineingeraten? Wird er in diesen wenigen Tagen zum Gewohnheitstrinker erzogen? Schleppt der Ruhrgebiets-Onkel, der schon einige Male durch unsaubere Sprache aufgefallen ist, den Jungen vor der Abreise noch ins Bordell? Und will der Junge dann vielleicht gar nicht mehr nach Hause kommen?

Meine Hinweise, es handele sich nur um vergleichsweise kleine 0,33-Liter-Flaschen und dass ich am Nachmittag noch nicht wusste, wie viele Gäste zum Spiel Deutschland–Polen kämen, verhallen ungehört. 18 Flaschen halten sich im Nürnberger Haushalt meiner Schwägerin etwa ein Jahr.

Um halb neun erscheinen nur Ralle und Scotty in den schon bekannten Trikots/T-Shirts. Es werden Chips in den Geschmacksrichtungen »Ungarisch«, »Crème fraîche« und »Cheese & Onion« gereicht.

Das Spiel ist eines der besten, das ich jedenfalls in den letzten Jahren von der deutschen Mannschaft gesehen habe. Philipp Lahm (entdeckt vom alten Bochumer Hermann Gerland, der den Nachwuchs von Bayern München trainiert) mal wieder klasse. Und alle, die sich über das Fitness-Training von Klinsmann amüsiert haben, sollen jetzt ihre Worte essen:

93 Minuten rennen die Deutschen, als wären sie Japaner. Die Situation gleich exakt jener, der sich der VfL Bochum in dieser vermaledeiten Zweitligasaison 2005/2006 oftmals gegenübersah: Der schwächere Gegner igelt sich am Strafraum ein, man erspielt sich eine Chance nach der nächsten, aber die Kugel will nicht reingehen. Geduld, hatte unser Trainer Marcel Koller gesagt, Geduld brauche man, dann werde man schon noch belohnt. (Als Schweizer hat er jede Menge davon.) Der deutschen Mannschaft muss das zu Ohren gekommen sein. Ganz kurz vor Schluss geht David Odonkor auf rechts noch mal ab wie Ferrari, zirkelt das Ding rein, und Oliver Neuville hält den Schlappen hin. Erlösung! Ein 1:0 in der 90. nach großem Spiel – das hat was Orgiastisches.

Und die Moral dieses Abends? Vom VfL Bochum lernen heißt siegen lernen!

Montag, 19. Juni

Beginn meiner härtesten WM-Woche: vier Live-Spiele in fünf Tagen.

Merkwürdige Gesänge beim Spiel Schweiz – Togo, meinem allerersten Live-WM-Spiel: Eine Gruppe Eidgenossen zieht an mir vorbei und singt: »Nazi, Schwyzer Nazi!« Dabei sehen sie gar nicht aus wie Nazis. Sehr merkwürdig.

Es gibt viele Klischees über die Schweizer. Und alle stimmen. Zum Beispiel, dass sie großen Wert auf Sauberkeit legen. Zu Beginn der Pause suche ich die Toilette auf und muss vor einer der drei verschließbaren Kabinen ziemlich lange warten und frage mich, was der Mann da drin macht. Ich habe da so meine Befürchtungen, aber man kann es sich hier ja nicht aussuchen. Als der Mann, gewandet in eine rote Fahne mit weißem Kreuz, endlich aus der Kabine kommt, weiß ich, was er da gemacht hat: Als guter Schweizer hat er sie geputzt! Ehrlich, so eine saubere Stadiontoilette habe ich in meinem Leben noch nicht gesehen!

Nach Wiederanpfiff zum wiederholten Mal: »Steht auf, wenn ihr Schweizer seid!« Ich bin keiner, muss aber trotzdem aufstehen, weil ich sonst nichts mehr sehe. Lästig, so was.

Togo hätte zwei Elfer kriegen und auch sonst das eine oder andere Mal treffen müssen, aber der Schiri war entweder blind oder gut ausgesucht.

Zwischendurch brüllt es immer wieder: »Nazi, Schwyzer Nazi!« Das kann doch nicht sein! Die sind reich, die haben

Arbeit – das sind doch keine Nazis! Es wird immer merk-würdiger.

In der Mitte der zweiten Hälfte verflacht das Spiel, vor allem das der Schweizer. Kurz vor Schluss trotzdem das 2:0. Die Togolesen können es nicht fassen. Die Schweizer auch nicht.

Nach dem Spiel treffe ich vor dem Stadion den Dort-munder Veranstalter Dieter Kottnik. Er meint, dass die Atmosphäre toll war, das Spiel aber auch nicht toller als das, was sonst hier geboten wird. »Na ja«, sage ich, »ich bin aus Bochum natürlich Besseres gewohnt.« Es entspinnt sich ein ganz netter Disput, von wegen, der VfL habe ja jetzt ein Jahr in der Jauchegrube zweite Liga geplanscht und werde wohl den Gestank auch in der ersten nicht los, doch das übergehe ich mit dem Hinweis, wir könnten unseren Spielern zwar weniger bezahlen, aber wenigstens könnten wir sie über-haupt bezahlen. Dann fällt uns auf und ein, dass doch WM ist und wir dieses kleinliche Regionalgeplänkel auf die Zeit nach dem Finale verschieben sollten.

»Hart«, sage ich, »fand ich aber das mit den Nazis!« Dieter versteht nicht, wovon ich rede. »Na die Schwyzer Nazis!« – »Oh Mann! Nati! Nicht Nazi! Das ist die Abkürzung für Na-tionalmannschaft!«

Wieder was dazugelernt.

Mittwoch, 22. Juni

Über Kanäle, auf die ich hier nicht näher eingehen will, habe ich eine Karte für Holland – Argentinien bekommen.

Auf dem Weg zum Stadion kehre ich zusammen mit Herrn N. vom Heyne Verlag noch bei einem Koreaner ein. Davor ein niedriges, längliches Zelt mit Bierbänken und

Fernseher. Drinnen sitzen Holländer. Wir hocken uns draußen hin und kriegen eine Speisekarte gereicht. Oben drüber steht »WM-Menü«. Es sind aber nur Einzelspeisen aufgeführt. Ganz oben steht »Schweinefleisch süß-sauer«, einer der Klassiker. Der Preis von 9,50 Euro ist überschrieben worden mit 26,50 Euro.

Was?

Auch die anderen Gerichte bewegen sich im gleichen Bereich. Und es handelt sich nicht um Familienteller! Die Holländer drinnen hauen rein, als würde es die nächsten Wochen nichts geben. Herr N. erkundigt sich beim devot nickenden Patron, ob es noch eine andere Karte gebe, und bekommt zur Antwort: »Nee, nix, isse WM, bissi Geld!«

Wir verzichten, allerdings nicht dankend.

An den Bierbuden im Stadion gibt es nur Anheuser-Busch Lager, eine widerlich dünne, süßliche Plörre, die sich müht, dem Vorurteil entgegenzutreten, ein Bier brauche Schaum. Aber ein Fußballspiel ohne ein kleines bisschen Alkohol, noch dazu abends – nee. Also Augen zu, rein damit und an was anderes denken.

Zwischen acht und halb neun schwebt der eine oder andere Hubschrauber ein. Bewegt starrt die Masse zum Himmel und murmelt ergriffen: »Beckenbauer!«

Das Spiel passt sich dem Bier an.

Donnerstag, 23. Juni
Am nächsten Morgen stelle ich empört fest, dass dieser amerikanische Bierersatz auch nach Genuss in geradezu homöopathischen Dosen Kopfschmerzen verursacht. Stelle mich gesund, um meinen Einsatz bei Brasilien – Japan in Dortmund nicht zu gefährden.

Hier laufen pflichtgemäß einige Frauen herum, die sich absichtlich Bikinis gekauft haben, die ihnen zwei Nummern zu klein sind. Vor dem VIP-Bereich, aus dem Umlauf des Stadions von oben zu beobachten, brasilianische Tänzerinnen und Trommler. Das sieht aber eher aus wie bestellt und nicht spontan.

Die Japaner sind fast ausnahmslos in Trikots angetreten, bevölkern in fetten Trauben die offiziellen Fanshops und verlieren hier völlig die Kontrolle. Säckeweise gehen die Euros über die Theke.

Zum Glück gibt es hier in Dortmund wieder Bitburger Pilsener. Nicht auszudenken, wie mein Körper auf einen zweiten Abend Biersuppe reagiert hätte.

Zwanzig vor neun mache ich mich an den Aufstieg zu Block 34. Das ist sehr hoch. Ich bin sehr weit weg vom Spielfeld. Würde heute hier eine Mannschaft in Grün spielen, nähme man wohl nur merkwürdige Rasenbewegungen war.

Aber es spielt ja niemand in Grün. Die Brasilianer tragen gelbe Trikots und komischerweise weiße Hosen. Von hier oben sehen sie aus wie laufende Biere mit dem Schaum unten. Was mich daran erinnert, dass ich noch was brauche. Zum Glück gibt es auch hier oben Getränkebuden, man muss nicht die 34 Stockwerke wieder runterlatschen.

»Sichtbehindert« heißt übrigens, dass ich das ganze Spiel über durch ein Treppengeländer gucken muss.

Schockartig wird mir kurz vor dem Anpfiff klar, dass ich mich im gleichen Stadion befinde wie Pelé, der gerade auf der Videowand eingeblendet wird. Das multinationale Publikum tobt vor Begeisterung.

Ich nehme einen Schluck Bier – und spucke es beinahe

meiner brasilianischen Nachbarin auf die Hose. Sie haben mir wieder diese Ami-Miege angedreht!! Ich eile zurück, um zu reklamieren. Das freundliche Mädchen am Getränkestand erklärt mir, dass es Pils nur unten gibt.

Ich brauche fast die gesamte erste Halbzeit, um das Zeug hinunterzuwürgen. Gut, gestern habe ich das auch getrunken, aber heute hatte ich vorher schon ein richtiges Bier, das heißt, die Geschmacksnerven sind entsprechend gepolt und machen Ärger.

Als Japan in Führung geht, muss man befürchten, dass die Japaner das Stadion abreißen und die Einzelteile als Souvenirs mit nach Hause nehmen.

Am Ende heißt es 4:1, und die Japaner müssen nach Hause fahren. Vor allem der Absatz von Fanartikeln wird darunter leiden.

Freitag, 23. Juni
Kurz nach halb zehn sitze ich im ICE nach Berlin, auf dem Weg zum Familienausflug nebst Wahnsinnsspiel Ukraine – Tunesien.

Die Haltestelle Olympiastadion besteht aus erstaunlich vielen Gleisen, so dass sich die vielen Leute, die hier ankommen, angenehm schnell verlaufen. Am Ausgang warten die Nürnberger. Großer Bahnhof für den Onkel.

Das großzügige Design der Sportanlage Olympiastadion lässt Gedränge gar nicht aufkommen. In den Dreißigern hatte man eben eine Schwäche für freie Flächen.

Im Stadion teilen wir uns auf. Erleichtert stelle ich fest, dass an den Getränkebuden im ersten Stock Pilsener im Ausschank ist. Mein Neffe (der, der kürzlich die Bierflaschen in unserem Kühlschrank gezählt hat) wirft einen skeptischen Blick auf meinen Becher und dann auf die Uhr. Jawohl, es ist erst halb vier am Nachmittag, aber der dicke Onkel aus dem Ruhrgebiet trinkt schon Alkohol. Ich kaufe ihm eine Fanta, die er sonst nicht trinken darf, weil sie zu süß ist, damit er ein bisschen weiß, wie schön es sein kann, etwas zu tun, das nicht gesund ist.

In unserem Teil des Stadions treiben sich die ukrainischen Fans herum. Einige in Pluderhosen und Landestracht. Einer in einer Lammfelljacke, und das bei 25 Grad.

Wir sitzen nicht schlecht, aber weit weg. Wie gesagt, ich mag keine Laufbahnen ums Feld. Sie vergrößern die Distanz und erinnern an überflüssige Randsportarten.

Das Spiel kann man abhaken, eines der schlechtesten. Die Ukraine gewinnt durch einen zweifelhaften Elfer von Shevtchenko.

Wir hocken uns in den Biergarten am Ausgang und sehen den Fans zu, wie sie herausströmen. Etwa ein Dutzend Ukrainer entrollen ein 15 Meter langes Transparent, auf dem etwas in kyrillischen Buchstaben steht. Eine junge Frau in einem schwarz-rot-goldenen Bikinioberteil lässt sich mit jedem, der es wünscht, fotografieren. »Die macht's mit jedem«, murmele ich vor mich hin, ohne zu bedenken, dass ein Schwerstpubertierender in Hörweite sitzt – der kurz darauf für fast zehn Minuten auf der Toilette verschwindet.

Samstag, 24. Juni
Nach dem Aufstehen beginnen die Vorbereitungen für das große Spiel am Nachmittag: Achtelfinale Deutschland – Schweden. Bin mir mit mir selber einig, dass das ganz hart wird. Geguckt wird heute hier bei uns. Außerdem auch gegrillt. Es muss aufgeräumt werden. Ich hole den Elek-

trogrill aus dem Keller, den meine Frau und ich erst mal sauber kratzen müssen. Über den Durchgang zwischen Wohn- und Esszimmer, da, wo später die Leinwand stehen wird, hänge ich einen 2006-FIFA-World-Cup-Schal auf, auch wenn ich nicht gerade Vorsitzender im FIFA-Fan-Club bin. Es gibt halt dem Raum etwas angenehm Offizielles. Über eines der Gemälde des Urgroßvaters meiner Frau wird ein Deutschland-Schal drapiert. An der Vitrine zur Terrasse hin hängt eine Togo-Mütze, um an die zu erinnern, die bereits von uns gegangen sind.

Vorteil, wenn man Gäste bekommt: Man räumt mal richtig auf.

Eine halbe Stunde zu spät rollen alle an. Ralle lässt noch auf sich warten, weil er in seinem Anbau noch einen Fliesenleger hat, der kein Fußballfan ist.

Die Atmosphäre ist gekennzeichnet von 80 Prozent Zuversicht und 20 Prozent Furcht. Eigentlich kann sich niemand so richtig vorstellen, dass wir heute ausscheiden. Aber hart wird es, das sagen alle.

Falsch.

Das Spiel geht los und die deutsche Mannschaft ab wie eine Katze mit Feuerwerkskörper im Arsch. Die Schweden wissen nicht nur nicht, wo die Glocken hängen, die wirken, als hätten sie von Glocken noch nie was gehört. In der vierten Minute kommt Klose durch, der Keeper wehrt ab, Poldi netzt ein. Poldi, mein Mann! Mein Torschützenkönig-Tipp! Belächelt wurde ich, geradezu verhöhnt! Wie der Jürgen! Doch abgerechnet wird am Schluss.

Immer wieder stößt man sich vor den Kopf und murmelt: Das gibt's nicht! In der 12. Minute zieht Klose drei Gegenspieler auf sich und spielt einen Weltklasse-Pass auf Poldi.

Schon wieder drin! Hau mir in die Fresse, damit ich weiß, dass ich wach bin!

In der zweiten Halbzeit spielen sie es cool runter, »im Stil einer Klassemannschaft«, wie man auf Reporterdeutsch sagt. Ein Schwede fliegt vom Platz und Larsson verschießt einen Elfer.

Jetzt spielt Deutschland gegen Argentinien im Viertelfinale! Aber vor denen habe ich jetzt keine Angst mehr und kann beruhigt schlafen gehen.

Montag, 26. Juni
Abends scheidet die Schwyzer Nati aus. Außerhalb der Schweiz hält sich die Trauer in Grenzen.

Dienstag, 27. Juni
Mit einem befreundeten Orthopäden abends zum Public Viewing ins Ruhrstadion. Look what they did to my Rasen, Ma! Die Froschfresser besiegen die Aiolis mit 3:1, aber das ist nicht der Höhepunkt des Abends. Nach dem Kick kommen wir am Renaissance-Hotel vorbei, wo die ghanaische Nationalmannschaft abgestiegen ist, die heute Nachmittag gegen Brasilien und den Schiedsrichter rausgeflogen ist. Wir mogeln uns an der Security vorbei, weil der Orthopäde das »Lassen Sie mich durch, ich bin Arzt!« so überzeugend rausbringt, dass sich kein Widerspruch seitens der Kleiderschränke in dunklen Anzügen erhebt.

Drinnen ein ziemliches Gewusel an der Hotelbar. Headhunter sind unterwegs und reden mit Spielerberatern über neue Verträge. Schöne Frauen sind unterwegs. Ein junger Mann namens Mr Wooden Legs verhökert seine CD mit dem Song »The Shining Black Stars of Ghana«. 5 Euro. Wir schlagen zu. Er führt uns zu Kingston, dem Torwart, der in der Schlussphase des Spiels gegen Brasilien noch ein paar Unhaltbare gehalten hat. Er unterschreibt auf der CD. Ich frage ihn, ob sie den Schiedsrichter schon gehängt hätten oder erst noch ein paar bizarre Stammesrituale mit ihm vorhätten. Allgemeines Bedauern, dass man des Mannes nicht hatte habhaft werden können.

Den spektakulärsten Anblick bietet ein Fan in folgender Aufmachung: freier Oberkörper, breitstreifig in den Farben Ghanas bemalt, ebenso das Gesicht. Ein schmales Männchen mit etwas weibischen Bewegungen. Seine Füße stecken in: Bärchen-Pantoffeln! Kein Scherz! Pantoffeln, die aussehen wie auf dem Rücken liegende Bären! Gegen Geld lässt der Mann sich fotografieren. Ganz ohne Geld redet er sehr laut.

Als der Orthopäde betrunken ist, gehen wir nach Hause. Er murmelt immer wieder: »Ich muss morgen Spritzen setzen!« Glücklicherweise nicht mir.

Mittwoch, 28. Juni
Am Morgen geht alles noch seinen normalen Gang: Aufstehen, frühstücken, Sportteil auswendig lernen. Dann ein Blick ins Internet, um zu schauen, in welchen Regionen sich die Preise für die nächsten Spiele bewegen. Anfälle hysterischer Heiterkeit.

Am Nachmittag verpasse ich beinahe einen wichtigen Termin, weil ich instinktiv den Fernseher eingeschaltet habe. Erst nach einer halben Stunde merke ich, dass gar kein Fußball läuft. Schrecklicher Verdacht: Kriege ich von den Spielen eigentlich auch nichts mit? Reagiert mein Körper nur auf Schlüsselreize wie »Männer in Trikots«, »Rollende

Kugel« und »Schreiende Massen«, um angeborene Instinkthandlungen wie »Bügelflasche ploppen lassen«, »Grunzen« und »Abseits! schreien« ablaufen zu lassen? Jedenfalls zeige ich deutliches Appetenzverhalten: Die Faust geht ohne Flasche zum Mund, der Blick sucht nach grünen Flächen mit weißen Linien, im Mund sammelt sich Speichel.

Meine Frau schleppt mich zu einem Grillnachmittag, auf dem ausschließlich über Fußball gesprochen wird. Linderung.

Donnerstag, 29. Juni

Noch ein Tag ohne Fußball? Wie soll das gehen? Besonders merkwürdig: Am Morgen sitze ich in einem fensterlosen Studio und nehme eine Weihnachtsgeschichte (!) auf. Draußen 25 Grad. Die Wahrnehmung gerät in Schieflage. Am Nachmittag geht die Hand wieder zur Fernbedienung. Dann aber durchzuckt den Schädel ein Wort aus dem Biologieunterricht: Ersatzhandlung! Um kurz nach sechs erwerben wir, anderthalb Wochen vor Ende der WM, noch ein Fußballbilder-Sammelalbum. Heimlich kaufe ich ca. 50 Tüten, die ich in den nächsten Tagen peu à peu hervorzaubern werde, um wenigstens den Thronfolger zu infizieren. Das erste Bild, das wir aus der Tüte ziehen, ist das Wappen des DFB. Wenn das kein Omen ist! Dreißig der fünfzig Tüten zaubere ich jetzt schon hervor. Klebe alles selber ein. Den Kindern wird langweilig.

Freitag, 30. Juni

Vor der Gaststätte »Wilhelmstein«, gleich neben der Stiepeler Dorfkirche, sind ein großer Fernseher aufgebaut und mehrere Tische, von denen die Hälfte für uns reserviert sind. Hocke mich auf den Stuhl direkt am Fernseher. Bei der Schlacht um die besten Plätze gibt es keine vornehme Zurückhaltung.

Wer vorgesorgt hat, der erlebt den Anpfiff nicht unter 0,3 Promille. Ideale innere Bedingungen. Beide Mannschaften wollen gleich am Anfang zeigen, wo es langgeht. Podolski kassiert schon nach drei Minuten die Gelbe Karte. Nach einer Viertelstunde schlafft die Sache etwas ab. Viel Mittelfeldgeplänkel, das Material abgibt für Schulungsvideos bei Taktikseminaren.

Cossi hört das Spiel gleichzeitig über Kopfhörer im Radio. Da das Fernsehbild mit einer Verzögerung von drei Sekunden bei uns ankommt, weiß er immer drei Sekunden früher als wir, ob eine Chance was einbringt oder nicht. Er weiß es nicht nur, er sagt es uns auch. Das ist mehr, als ich in meinem Zustand ertragen kann.

Halbzeit. Lange Schlange an den Toiletten. Tenor der Pissoir-Gespräche: Argentinien ist ein ganz anderes Kaliber als Schweden.

Kurz nach Wiederanpfiff dann der Schock: Nach einem Eckball macht ein höchstens 1,70 großer Argentinier ein Kopfballtor, weil Klose nicht aufpasst. Jetzt geht's lo-hos. Aber wirklich. Die Unsrigen rennen an. Das Spiel ist nicht wirklich toll, aber unglaublich spannend.

Ich drohe Cossi an, ihn vom Kirchturm zu schmeißen, wenn er nicht endlich den Scheiß-Kopfhörer vom Ohr nimmt. Da ich glaubhaft den Eindruck vermittle, es ernst zu meinen, gibt er nach.

Und in der Achtzigsten ist es Klose, der alles wieder ausbügelt. Ein Kopfballtreffer, für den man den Begriff Klose-Tor prägen sollte. So, wie es früher Müller-Tore gab. Grenzenloser Jubel. Cossi hängt sich an mich dran, wie man es sonst nur in Pornos sieht.

Die letzten zehn Minuten sind reiner Schlagabtausch.

Verlängerung. Die Argentinier schlaffen ab. Klinsmanns Trainingsmethoden sichern uns einen Vorteil. Die Jungs sind fit, dass einem fast schlecht wird. Kommt der Ball näher als 20 Meter an eins der beiden Tore, gehen Stöhn-Wellen durch die Menge. Es ist so spannend, dass es schmerzt. Sturzbäche von Schweiß gehen die Rücken hinunter. Schweiß der Anstrengung und der Angst.

Plötzlich ist es vorbei. Elfmeterschießen. Olli Kahn geht zu Jens Lehmann und wünscht ihm Glück. Nach der WM ziehen die beiden zusammen.

Als Lehmann den zweiten Elfer hält, ist kein Halten mehr. Stiepel bebt. Durch solche Geschichten musst du durch, wenn du Weltmeister werden willst. Und dass wir das werden, daran wird niemand mehr etwas ändern können.

Vor vier Wochen bin ich vierzig geworden. Und heute fünfzig.

Samstag, 1. Juli

Am Morgen noch ein wenig taub im Schädel vom gestrigen Tag. Morgens mit den Jungs zur Bude, um Fußballbilder zu kaufen. Langsam häufen sich die Doppelten. Ich ermahne den Thronfolger, etwas vorsichtiger umzublättern, da das Album sonst auseinanderfällt, bevor wir es voll haben. Meine Frau fragt mich, ob ich wirklich für die Kinder sammle.

Nachmittags mal zum Public Viewing nach Dortmund. Ganz nett. Aber drumherum ist eben Dortmund. Das können nur Außenstehende ignorieren.

Infernalische Hitze auf dem Friedensplatz.

Auf der Showbühne, übertragen auf die große Video-wand, rockt eine Frau, die mir bekannt vorkommt. Tat-sächlich: Suzy Quatro! Der Traum meiner vorpubertären Nächte! In hautengem Lederdress stand sie damals auf der Bühne von Ilja Richters »Disco«, den Bass immer vor dem neuralgischen Bereich. Nur nicht zu hoch! Leider erinnere ich mich auch noch eines ziemlich dummen Spruchs von Ilja. Es gab deren viele damals, aber dieser hier bezog sich auf Suzy Quatro, die einen Auftritt in der »Disco« hatte absagen müssen, den sie dann vier Wochen später nach-holte, was ihr die Ansage von Ilja Richter einbrachte: »Drei Wochen war die Suzi krank, jetzt rockt sie wieder, Gott sei Dank!«

Man muss sagen, die Frau zieht sich mehr als achtbar aus der Affäre. Die Band wirkt im besten Sinne abgezockt und professionell. Ein zweiköpfiger Bläsersatz fettet den Sound zusätzlich an. Suzis Jeans haben Risse an den Oberschen-keln. Nur das mit dem bauchfrei sollte sie sich noch mal überlegen. »Can the Can«, »Devilgate Drive« – alles dabei. Und zur Zugabe kommt auch noch Chris Andrews (»Yester-day Man«) dazu, fällt aber nicht weiter auf.

In der Halbzeit des England-Portugal-Spiels verziehen wir uns zu einem Italiener, weil wir die Hitze nicht mehr aushalten. Feiert die deutsch-italienische Freundschaft, so lange es sie noch gibt. Also bis Dienstag, 20.59 Uhr.

Mitte der zweiten Halbzeit wird Beckham ausgewech-selt. Mal wieder völlig ausgepumpt, der Arme. Wenigstens hat er diesmal nicht auf den Rasen gekotzt. Wayne Roo-ney steigt einem am Boden liegenden Portugiesen in die Weichteile und versteht nicht, wieso er dafür die Rote Karte kriegt. Wahrscheinlich machen sie so was in England jeden Morgen, um wach zu werden.

Im Nachhinein wird man sich einbilden, in den kalkweißen Gesichtern der Engländer die Angst vor dem Elfmeterschießen gesehen zu haben.

Dienstag, 4. Juli

Jahrestag des Wunders von Bern. In der Innenstadt kriegt ein Kind zu hören: »Heute essen wir kein Eis vom Italiener!«

Schon gestern Abend, beim Doppelkopf, sind die üblichen Diskussionen über Politik seltsam lustlos geblieben: Was bedeutet schon der Zusammenbruch unseres Gesundheitssystems gegenüber der Frage, ob wir die Italiener schlagen!

Es ist alles vorbereitet für einen weiteren Abend im »Tierpark's«. Scotty hat den Beamer besorgt, Peter stellt die Leinwand, Julius das Fachwissen. Um sieben wollen wir vor Ort sein, um noch einen Happen zu essen und uns einzustimmen. Doch es kommt ganz anders.

Um viertel vor sechs ruft ein gewisser Lutz an, der mit Brigitte verheiratet ist, die wiederum mit mir zusammen Abitur gemacht hat. Er ruft auf dem Handy meiner Frau an, weil meine Nummer nicht im Telefonbuch steht. Sein Schwiegervater, Brigittes Vater, der wiederum ehrenamtlich für die Aktion Canchanabury arbeitet, hatte in der Zeitung gelesen, ich hätte noch Interesse an Tickets. Na ja, sage ich, aber die WM ist doch fast vorbei. Na ja, sagt er, es gehe um heute Abend. Halbfinale? Deutschland – Italien? In Dortmund? Ich weiß jetzt, was es bedeutet, wenn man in Krimis liest: Seine Stimme überschlug sich. In diesem Fall ist es nicht seine, sondern meine.

Woher hat er die Karten? Also, ein Bekannter hatte horrende Summen bei den Optionstickets überwiesen und unter anderem für dieses Spiel optioniert. Dummerweise hatte er seine Firmen-E-Mail-Adresse angegeben. Der Mann wohnt in Offenbach, arbeitet aber in Halle an der Saale. Da ist er seit letzter Woche nicht gewesen, so dass er die Mail, welche ihn davon unterrichtete, ihm seien Karten zugeteilt worden, gerade erst gelesen habe. Nun habe er seinen Bochumer Freund Lutz gebeten, die Ticketbestätigung nebst Abtretungsvollmacht doch bitteschön am Dortmunder Stadion möglichst gewinnbringend zu verkaufen. »Nee«, habe sich da der Schwiegervater eingeschaltet, »ruf doch mal den Goosen an!« Gesagt, getan, jedenfalls Goosens Frau. Goosen kontaktiert Scotty, er sagt ja, Goosen holt die Bestätigung ab und legt Geld auf den Tisch.

Mit dem Taxi fahren wir nach Dortmund. An der Sicherheitsschleuse schickt man uns zum Ticket-Center, obwohl der Verkäufer von der FIFA die Ansage bekommen hatte, wir sollten uns am »Ticket Service Point« melden, und das ist im Sicherheitsbereich, direkt am Stadion.

Aber wurscht. Eine Viertelstunde Fußmarsch rund ums Gelände zur Westfalenhalle 3b. Dort ca. hundert Menschen, die noch ins Ticket-Center wollen und grüppchenweise eingelassen werden. Wartend treffen wir Fritz Eckenga, der als Dortmunder Promi »akkreditiert« ist und nicht warten muss. Fritz trägt ein Australien-Trikot. Erstens, weil's gelb ist und Fritz von Kindesbeinen an dem Irrtum einer BVB-Anhängerschaft frönt. Zweitens, weil die Itaks gegen die Aussies »beinahe verkackt hätten«.

Nach einer halben Stunde haben wir unsere Karten. Die Frau im Ticket-Center ist sehr freundlich und weist darauf hin, dass eine der Karten auf eine »Waltraud« ausgestellt ist, grinst aber. Kopiert uns sogar noch die Abtretungsvollmacht und schreibt drauf, das Original liege dem Ticket-Center vor.

Scotty besteht darauf, Waltraud zu sein. An der Sicherheitsschleuse wird er trotzdem von einem Mann abgetastet. Auch bei der eigentlichen Kartenkontrolle geht alles glatt. Wir sind tatsächlich drin! Abklatschen, Lachen, Bier holen. Getränkestände rammelvoll. Als erfahrener WM-Veteran halte ich Scotty davor zurück, in die Anheuser-Busch-Falle zu tappen. Nach zwanzig Minuten in der Schlange haben wir jeder zwei Bier und ein Würstchen.

Unsere Plätze sind erste Sahne. Nordtribüne, blauer Sektor, halbhoch, hinterm Tor. Vibrierende Spannung, wieder ein unfassbarer Lärm. Kaum Italiener im Stadion. Mehr als zwei Drittel eindeutig aus dem Lager der Gastgeber. Schon vor dem Anpfiff habe ich häufiger »Deutschland!« gebrüllt als vorher in meinem ganzen Leben. Und zum ersten Mal singe ich tatsächlich die Nationalhymne mit.

Als das Spiel losgeht, will ich mich hinsetzen, stelle aber fest, dass ich der Einzige bin, der das möchte. Seitdem wir um sieben Uhr aus dem Taxi gestiegen sind, haben wir keine Sekunde gesessen. Die Füße schmerzen, der Schweiß rinnt. In diesem Kessel steht die Luft. Im Oktober ist hier wieder der Rasen völlig im Eimer. Um uns herum lauter Badenser mit viel »sch« in der Sprache. Von wegen Dortmunder Publikum! Alles Ausländer!

Das Spiel ist spannend. Beide rennen. Die Italiener haben, wie man so sagt, eine Weltklasseabwehr. Kein Durchkommen für Klose und Poldi.

Die Pause reicht gerade aus, um vier Bier zu holen.

In der zweiten Hälfte hängen sich die Deutschen ziemlich rein. Drehschuss von Poldi, Buffon reißt die Fäuste hoch. Lehmann beherrscht den Strafraum. Es ist wie immer: Je später es wird, desto mehr leiden die Nerven. Irgendwann sagt der Karlsruher neben Scotty: »Dä Poldi isch platt!« Du weißt doch gar nicht, was du sagst, du mit deinem Zweite-Liga-KSC!

Die Pause zwischen der regulären Spielzeit und der Verlängerung reicht gerade aus, um zur Toilette zu gehen. Kein weiteres Bier. Wie soll das gut gehen?

Gar nicht. Die Italiener legen eine Schüppe drauf. Gilardino kurvt um unsere Abwehrspieler wie Alberto Tomba um ein paar Plastikstangen und setzt den Ball an den Pfosten. Zambrotta knallt an die Latte. Poldi dagegen kommt frei zum Kopfball und setzt das Ding weit daneben.

Wir bereiten uns innerlich aufs Elfmeterschießen vor. Lockern die Muskeln, massieren uns gegenseitig.

Und dann kommt die 120. Minute.

Und dann die 121.

Alles sackt in sich zusammen. Der größte Teil der 65 000 ist mindestens so platt wie die Spieler. Wann hat mich die Niederlage einer deutschen Nationalmannschaft das letzte Mal so mitgenommen? Ich muss zwölf gewesen sein. Jugendlicher jedenfalls.

Bei »You'll Never Walk Alone« ruiniere ich mir endgültig die Stimme.

Wann aber hat mich eine deutsche Nationalmannschaft zum letzten Mal derart begeistert, emotionalisiert, mitgenommen? Ich muss acht gewesen sein. Kind jedenfalls. Man liebte doch immer diese Mannschaften, die den tollen Fußball spielen. Also nicht die deutsche. Die riskant spielen und nicht aufstecken. Also nicht unsere. Allenfalls wohlwollend nahm man die Finalteilnahmen '82 und '86 hin. 1990 war einem das ganze Vereinigt-Deutsche zu dicke. Und plötzlich steht man im spack sitzenden Deutschland-Trikot auf der Tribüne und singt von Einigkeit und Recht und Freiheit. Das hat der Jürgen mit seinem Spiel gemacht. Sechsmal haben sie am Limit gespielt, mussten sie am Limit spielen, um überhaupt so weit zu kommen. Endlich mal eine deutsche Mannschaft, die keine Angst davor hat, am Abgrund zu spielen. Da muss man auch abstürzen können. Geschubst von einer cleveren Klassemannschaft, der wir vor ein paar Monaten noch hoffnungslos unterlegen waren.

Das alles flüstert die Vernunft dir ein. Es ist toll. Mehr erreicht als vorher erträumt! Das Was stimmt, und das Wie noch mehr. Und doch: Es war so verdammt knapp.

Wir schleppen uns aus dem Stadion, wälzen uns zu Hunderten über die Brücke über der B1. Am Hotel Mercure standen bei den letzten Spielen immer Taxis, und mit einer Drehung war man auf der Bundesstraße nach Bochum. Heute Chaos. Anderthalb Stunden laufen wir herum. Scotty hält ein Bochumer Taxi an, in dem nur ein einziger Fahrgast sitzt. Nur bis Ausfahrt Ruhrstadion, wir zahlen! Kein Interesse: Die Welt war zu Gast bei Freunden, aber wir sind ja nur die Arschlöcher, die hier wohnen.

Schließlich stoppt Scotty einen Privatwagen mit Bochumer Nummer, auf dem Dach eine Italien-Flagge, an der Heckscheibe eine deutsche. Zwei junge Frauen, die von Bochum nach Dortmund gefahren sind, um zu gucken, was hier so abgeht. Für einen Zehner fahren sie uns bis in die Gudrunstraße.

Zu Hause sehe ich mir noch mal die letzten Minuten des

Spiels an und ein paar hilflose Kommentare. Um kurz vor zwei dusche ich und gehe ins Bett. Bin eingeschlafen, bevor mein Ohr das Kissen berührt.

Mittwoch, 5. Juli

Muss dem Ältesten nach dem Aufstehen klarmachen, dass wir verloren haben. Er nimmt es hin wie ein Mann. Ein fünfjähriger Mann.

Ich fahre in die Stadt und kaufe ein ebenfalls spack sitzendes Frankreich-Trikot.

Donnerstag, 6. Juli

Keine Vorkommnisse. Schwerer Entzug. Selbst Flugzeugabstürze und Orgasmen (eigene und fremde) lassen mich kalt. Wer bin ich ohne Fußball?

Freitag, 7. Juli

(siehe Eintrag 6. Juli)

Sonntag, 9. Juli

Die Hütte ist wieder voll. In unserem Wohnzimmer sind Leinwand und Beamer aufgebaut, gut zwanzig Leute haben Platz genommen. Die Kinder tragen VfL-Trikots, Vattern sein enges Hemdchen der Équipe Tricolore. Den ganzen Tag haben wir geübt: »Allez les bleus!« Und jetzt spielen sie in Weiß!

Es ist nicht das tollste Spiel des Turniers, aber es ist auch nicht Schweiz–Ukraine. Der Zweitgeborene geht schon in der Halbzeitpause ins Bett, der Thronfolger hält durch bis zur Verlängerung. Er verabschiedet sich, kurz bevor das Spiel durch Kopfstoß entschieden wird.

Zuerst herrscht Niedergeschlagenheit, die aber weicht in den nächsten Tagen der Erkenntnis, dass ein fußballerisch zwar nicht überragendes, emotional aber zutiefst überraschendes Turnier mit einem mythischen Moment zu Ende gegangen ist.

Leidenschaften

III

Kleine Trilogie der Bekloppten

Die Wahnsinnigen sind es, die diesen Sport so toll machen. Diejenigen, die bereit sind, bis an die Grenze zu gehen – und darüber hinaus. In Großbritannien sollen sie ja ganz besonders wahnsinnig sein. Hier drei kleine Beispiele:

Die Löwen von Glasgow

Die Geschichte hat mir ein Priester erzählt, sie muss also stimmen. Der Mann ist Schotte, Ende sechzig, arbeitet in Afrika bei den »Weißen Vätern« und ist nebenher beinharter Fan von Celtic Glasgow. Und Celtic wurde 1887 von einem Mönch gegründet, es kann also keine Lügen um diesen Verein geben.

1967 war das goldene Jahr von Celtic. Unter dem legendären Trainer Jock Stein gewann die Mannschaft alles, was es zu gewinnen gab, und drang in das Endspiel des Europapokals der Landesmeister vor, das in Lissabon ausgetragen wurde. »The Lisbon Lions – a tremendous team!«, raunte der Weiße Vater bei unserer Begegnung am Rande der Weltmeisterschaft dieses Jahr in diesem singenden Tonfall mit rollendem »R«, welcher den Schotten eigen ist, und strich sich über die – natürlich – weißen Augenbrauen.

Nicht weniger als 7000 Schotten machten sich damals auf den Weg nach Portugal, zu Wasser, zu Lande und in der Luft, in Flugzeugen, Autos, auf Booten und Flößen. Einige sollen sogar gelaufen sein. Gegner von Celtic war Inter Mailand, und noch nie hatte eine britische Mannschaft einen Europapokal gewonnen. In der 8. Minute ging Inter durch einen Foulelfmeter von Sandro Mazzola in Führung, und Celtics Schicksal schien früh besiegelt. Die Mannschaft drängte Inter hinten rein, aber italienische Mannschaften früherer Jahre überquerten die Mittellinie nach einem Führungstor ohnehin nur, wenn es gar nicht anders ging. Als logische Folge erzielte Thomas Gemmel in der 63. Minute den Ausgleich, und fünf Minuten vor Schluss markierte Stephen Chalmers das Siegtor zum 2:1.

Selbstredend kannten die mitgereisten schottischen Fans jetzt kein Halten mehr. Rituelle Gesänge, Stammestänze und der Genuss alkoholischer Getränke in dem Ereignis angemessenen, also gesundheitsgefährdenden Mengen waren eine gern erledigte Pflicht. Die portugiesischen Behörden sorgten sich um die Sicherheit ihres ehemaligen Weltreiches und trachteten danach, die fröhlichen Schotten (die übrigens niemals in ihrer Geschichte Ambitionen auf ein Weltreich hatten) möglichst schnell außer Landes zu schaffen. Also wurden sie singend und tanzend in Busse verfrachtet, ohne Aufenthalt singend und tanzend zum Flughafen gekarrt, wo sie unkontrolliert singend und tanzend und ohne weitere Überprüfung ihre Bordkarten in die Hand gedrückt bekamen, um dann in den bereitstehenden

Flieger zu tanzen und zu singen. Über den Wolken war nicht nur die Freiheit, sondern auch die Freude grenzenlos. In Glasgow tanzten und sangen sich die Fans nach Hause, wo nicht wenige von ihnen von ihrer Frau mit einer simplen Frage aus dem euphorischen Delirium gerissen wurden: »Where is the carrr?«

Plötzliches Innehalten, vielleicht ein Schlag mit der flachen Hand vor die Stirn: »Oh Scheiße, das hab ich am Stadion stehen lassen. In Lissabon. Na ja, hol ich morgen nach der Arbeit ab.«

»That is trrrue devotion!« befand der Weiße Vater zu Recht. Die Bekloppten sind der Ast, auf dem dieser Sport sitzt.

Taxi nach Istanbul

Auch bekloppt sind ja die Engländer. Die folgende Geschichte hat mir ein Freund erzählt, der sich beruflich mit Fußball befasst und deshalb dem denkwürdigen Endspiel um die Champions-League-Trophäe in Istanbul im Mai 2005 beiwohnte. Am Nachmittag vor dem Spiel saß der Kollege in einem Istanbuler Straßencafé und fieberte einem hoffentlich dramatischen Spiel zwischen dem FC Liverpool und dem AC Mailand entgegen, als er plötzlich auf der Straße vor ihm eines schwarzen englischen Taxis mit original englischen Nummernschildern ansichtig wurde.

Ein englisches Taxi in Istanbul?

Der Wagen wurde abgeparkt, und ihm entstiegen zwei magere Engländer in ihren Zwanzigern, mit den geröteten Augen echter Schlachtenbummler, die ein paar schwere Nächte hinter sich haben. Auf der Fahrerseite stieg ein rüstiger Mittvierziger aus, und gemeinsam hockten sie sich ein paar Tische weiter hin. Die berufsbedingte Neugier des investigativen Fußballjournalisten packte den Kollegen, er ging hinüber zu den drei Briten und fragte, wie das denn sein könne, dass sie mit diesem Wagen hier unterwegs seien. Und einer der beiden Jüngeren erzählte:

Zwei Tage zuvor, genauer gesagt Montagnacht, torkelten zwei stark angetrunkene Liverpoolians aus einer Disco der englischen Hafenstadt und setzen sich in ein davor bereitstehendes Taxi. Der Fahrer fragte: »Wo wollt ihr hin, Lads?«, und der etwas Betrunkenere von beiden sagte aus der Lameng: »Nach Istanbul!«

Daraufhin schaltete der Fahrer den Taxameter aus und sagte: »Da wollte ich sowieso hin!«

Hintergrund: Der Mann hatte das Taxi von seinem Vater geerbt, mit dem er jahrzehntelang in genau diesem Auto zu den Auswärtsspielen des FC Liverpool in Britannien und in ganz Europa gereist ist. Nun war der Vater vor einigen Jahren verstorben, weshalb dem Taximann eine Begleitung für die lange Fahrt ganz recht kam. Offenbar verfügten die beiden Jungs über keine Jobs, bei denen sie sich kompliziert hätten abmelden müssen, und da sie erst im Monat zuvor die Wäsche gewechselt hatten, konnte es gleich losgehen. Man einigte sich darauf, einfach nur das Spritgeld zu teilen, und kurvte einmal diagonal durch Europa.

Und wie sich einige Stunden später herausstellte, war das Spiel aller Mühen wert: Liverpool egalisierte einen 0:3-Rückstand und gewann als erste englische Mannschaft seit 1892 wieder ein Elfmeterschießen.

Schmerzen für Julio

Gemeinhin geht man davon aus, dass Sportjournalisten zu kritischer Objektivität verpflichtet sind. Das ist natürlich eine prima Sache, aber auch immer ein bisschen langweilig, wie Übertragungen von Leichtathletik-Weltmeisterschaften beweisen. Im Fußball ist das anders. Im Fußball regiert Leidenschaft bis zur Besinnungslosigkeit. Und von jemandem, der sich für Fußball derart begeistert, dass er einen Beruf daraus macht, kann man nicht verlangen, dass er ein großes Match einfach so wegkommentiert und seine Worte abwägt wie ein Staatsmann. Das Wunder von Bern wäre nur halb so wunderlich ohne die überschnappende Radiostimme von Herbert Zimmermann. Dem kam seitdem eigentlich nur noch der legendäre Edi Finger nahe, den der österreichischen Sieg über die Bundesrepublik bei der WM 1978 (bei uns unter »Schmach von Cordoba« abgelegt) »narrisch« machte. Ansonsten regiert bei uns die Dampfplauderei oder allenfalls gelangweilte Ironie, jedenfalls im Fernsehen, im Radio geht es da schon mal ganz gut zur Sache, aber das ist eine andere Geschichte.

Maßstäbe in Sachen Leidenschaft setzte ein englischer Journalist, der das Viertelfinale der Europameisterschaft 1996 zu kommentieren hatte, in dem sich das englische Team tatsächlich im – der Kenner schnalzt mit der Zunge – Elfmeterschießen gegen Spanien durchsetzte. Fernando Hierro hatte schon für die Iberer verschossen, als Nadal den Ball auf den Kreidepunkt legte. Und der englische Kommentator schwang sich zu folgender Höchstleistung auf:

»And it's gonna be the beast of Barcelona, Nadal, to take the penalty kick against David Seaman. Seaman saves!

England are through! England are through! England are through to the European Championship semifinals! It wasn't a rumping, buccaneering Drake-like victory against the Armada. We didn't singe the King of Spain's beard. But Salvador Dali, Pablo Picasso, Jose Carreras, Julio Iglesias, El Cordoba, Don Quichote ... your boys are out and England are through. And you can stick it up your Julio IglesiARSE! Ask no question, tell no lies, England are heading for the biggest, biggest prize!«

Dem Vernehmen nach soll der Mann den Job verloren haben. Die Welt ist ungerecht zu denen, die da voller Leidenschaft sind!

1848 – damit es jeder, aber auch wirklich jeder weiß!

Vorbemerkung für Auswärtige: Der VfL Bochum führt mittlerweile sein angebliches Gründungsjahr im offiziellen Vereinsnamen. Na gut, tatsächlich entstand der Verein durch Fusion anderer Vereine im Jahre 1938, aber das ist natürlich nicht gerade ein sexy Datum. Einer der Vorgängervereine wurde – nein, auch nicht 1848 gegründet, sondern 1849. Allerdings wurde ein Jahr zuvor zur Gründung dieses Vereins aufgerufen und später das Datum auf das so geschichtsträchtige Jahr korrigiert. Trotzdem hat sich die Zahl 1848 mittlerweile bei allen eingebrannt. Einer der beliebtesten Gesänge im Bochumer Stadion geht so: »Uns're Heimat, uns're Liebe / In den Farben Blau und Weiß / Achtzehnhundertachtundvierzig / Nur damit es jeder weiß!« Doch die Verinnerlichung dieser Zahl geht noch viel weiter.

Jahrelang habe ich gedacht, die Tatsache, dass eine bestimmte Uhrzeit mich jeden Tag magisch anzieht, sei ein Zeichen für meine fortschreitende geistige Zerrüttung. Dann aber kam der 12. Januar 2008. Immer auf der Suche nach frischen Halbinformationen über meinen Verein, durchstreifte ich mal wieder die einschlägigen Internetforen und stieß auf einen Eintrag, der mich stutzen ließ. Einem gewissen *Knuty* war seine Geburtsurkunde in die Hände gefallen, und als er seiner dort dokumentierten Geburtszeit ansichtig wurde, war es um ihn geschehen: 18.48 Uhr! Endlich einer, dem das Fantum tatsächlich in die Wiege gelegt worden war! Neidzerfressen erinnerte ich mich daran, dass ich erst gegen viertel vor zehn abends geschlüpft war. Oder hatte meine Mutter es einfach nicht hingekriegt? Da kann man doch mal mitdenken!

Natürlich konnte diese spektakuläre Nachricht nicht einfach so durchgehen. Seitenweise betrieben nun alle möglichen User Zahlenmystik. Der User mit dem schönen Nickname *Peter Madsens Haargummi* musste zunächst mal stinksauer feststellen, dass seine offizielle Geburtszeit 18.45 Uhr war: »Und wenn ich rauskriege, welcher Vollidiotenarzt da nicht richtig auf die Uhr gucken konnte ...«

Etliche Menschen gaben an, an jedem Abend genau um 18.48 auf die Uhr zu schauen, oder dass ihre Mobilfunk-, Festnetz- oder Autonummern auf 1848 endeten. *Kaisehr* nimmt, wenn er zum Samstagabend-Schwoof in die Stadt fährt, immer die Linie 302, 18.48 Uhr ab Altenbochum Kirche – was sich wie eine verklausulierte Kontaktanzeige liest. *Bjoern* gestand, mal besoffen durch eine geschlossene Glastür gelaufen zu sein, und im Unfallbericht sei völlig korrekt 18.48 Uhr als Unfallzeitpunkt eingetragen worden.

Schon vor der »heute«-Hauptsendung volltrunken? Respekt!

Es meldeten sich aber auch voller Sorge Menschen zu Wort, die nirgendwo in ihrem Leben auch nur eine 48 entdecken konnten und nun fürchteten, es könne ihnen der Fan-Status offiziell abgesprochen werden, wie der Kollege, dem seine Schuhgröße 43 so unauffällig vorkam. *Rumpelfuß* aber konnte ihm helfen: »Keine Panik, das liegt nur an den gerundeten Einheitsschuhgrößen. Wahrscheinlich ist deine wirkliche Schuhgröße 42,98837. Und die zum Quadrat genommen rettet dich!«

Obwohl all diese Herrlichkeiten am helllichten Tage gepostet wurden, wurden sie mit zunehmender Dauer immer wunderlicher: »Ich bin zwischen 18 und 48 Jahre alt!« war noch harmlos gegen »Ich wurde 1848 geboren!« *AntiCO* (der Name spielt an auf ein früher in Bochum ansässiges Fleischfachgeschäft) verstieg sich zu der Feststellung: »Gestern waren hier 18 Grad bei 48 % Luftfeuchtigkeit! Im Ernst!« Nicht zu warm, nicht zu trocken – der Mann wird zumindest von Grippeviren weitgehend verschont bleiben.

Max-vfl nahm unter dem Eindruck dieser interessanten Diskussion eine Vermessung seines besten Stückes vor und die Messung ergab genau – nein, leider nur etwas über 14 cm. Und auch der vom Schreibenden selbst angegebene IQ von 72 lag deutlich nicht im VfL-Bereich. Schon eher aber *Rumpelfuß*: »Ich schaue schon seit Jahrzehnten alle naselang um 18.27 auf die Uhr und bin völlig fertig. Beethovens Todesjahr – und den VfL gibt es noch gar nicht!« VfL-Fans delirieren von Beethoven! Diese Stadt braucht dringend ihr Konzerthaus!

Stöpsel brachte dann auch mich noch mal zum Nachdenken. Beide sind wir 1966 geboren: 18 + 48 = 66. Wirklich unfassbar!

Übrigens hat mein Steuerberater mich noch darauf hingewiesen, dass alle Kindergeldbezieher eigentlich per se Anhänger des VfL sein müssten: 154 Euro pro Nase und Monat gibt es Blagenkohle. Das mal zwölf ergibt? Genau: 1848!

Ich komme mir jetzt auch gar nicht mehr so blöd vor, wenn ich die Kinder zu unserem allabendlichen Ritual ins Wohnzimmer hole: Wir warten, bis die absolut genaue Uhr im Digitalempfänger auf exakt 12 Minuten vor 19 Uhr springt, und verbeugen uns unter Absingen des Bochumer Jungenliedes in Richtung Stadion. Bisher dachte ich, ich hätte nicht mehr alle Pickel an der Raufaser. Jetzt weiß ich zumindest: Ich bin nicht allein.

Tippspieltrieb

Zu den Leidenschaften des echten Fans gehört der wöchentliche Versuch, die Resultate des nächsten Spieltages vorherzusagen. Tritt ein, was man vorher im Brustton der Überzeugung prophezeit hat, liegt es am eigenen Fachwissen. Geht es anders aus, waren dunkle Mächte am Werk.

Es geht nicht um Geld, es geht um etwas viel Wertvolleres: die Ehre und den eigenen fußballerischen Sachverstand. Nicht umsonst erhebt man sich doch so gern über sogenannte Experten, die vor allem vom eigenen Verein keine Ahnung haben, aber immer vollmundig ankündigen, wo der in der nächsten Saison landen wird. Und immer danebenliegen. Vergleichen wir doch mal die »Experten-tipps« aus dem *Kicker*-Sonderheft im Sommer 2006 mit der Abschlusstabelle vom Mai 2007! Ach nein, lieber nicht, man will ja nicht den Ruf der »Experten« ruinieren.

Die Legende will es, dass ich als Kind einmal ein Ergebnis beängstigend genau vorhergesagt habe: Während des Vier-telfinales der Europameisterschaft 1976 hielt ich mich mit meiner Klasse, der 4a der Grundschule Fahrendeller Straße, im sauerländischen Winterberg auf. Am späten Nachmit-tag spielte Deutschland gegen Spanien. Vom Klassenlehrer in Kumpelmanier auf ein mögliches Ergebnis angespro-chen, entgegnete ich cool: »2:0. Hoeneß und Toppmöller machen die Tore!«. Und genau so kam es dann auch: Der spätere Bayern-Manager erzielte in der 17. Minute das erste, der Mann, der 1997 den VfL Bochum erstmals in den UEFA-Cup führen sollte, kurz vor der Pause das zweite Tor.

Ähnliches ist mir danach nicht mal mehr ansatzweise gelungen. Ich kann nur hoffen, dass niemand *draußen im Lande* die Auswertung meiner Tipprunde in die Finger kriegt. Wie jemand, der sich derart viel mit Fußball beschäf-tigt wie ich, so unterirdisch tippen kann, wird mir immer ein Rätsel bleiben. Man lernt den *Kicker* auswendig, surft in jeder freien Minute über die einschlägigen Websites, startet nächtliche Rundrufe bei den Mannschaftsärzten der Liga, um in dem Moment, da sie schlaftrunken und unvorsichtig sind, belastbare Informationen über den gesundheitlichen Zustand der Spieler aller Teams herauszukriegen – und dann läuft am nächsten Wochenende wieder alles gegen einen.

Besonders deprimierend ist es, wenn man von den eige-nen Kindern abgehängt wird! Und die sind sechs und vier

Jahre alt! Mein Zweitgeborener tippt schon mal bei Frankfurt gegen Berlin 9 : 7 für Frankfurt, sackt aber immer noch zwei Punkte für die richtige Tendenz ein.

Na gut, Papa tippt aber auch oft nach Sympathie und Abneigung. Selbstredend wird nie gegen die eigene Mannschaft getippt. Der oben genannte Zweitgeborene hat das einmal versucht, was ich aber lässig auskontern konnte mit einem freundlichen: »Wenn die Jungs keine Punkte kriegen, dann wollen wir auch keine, ist das klar?« Zur Not droht man eben mit Nahrungsentzug oder dem Einzahlen des Taschengeldes (das beide noch gar nicht kriegen) auf ein Sperrkonto, bis sie einundzwanzig sind. Doch selbst unter Druck tippen die Bengels noch um Längen besser als ihr Ernährer, der in seiner Tipprunde mal wieder die rote Laterne mit Zähnen und Klauen verteidigt, während die Jungs, würden sie teilnehmen, Platz drei und fünf belegen würden! Herrgott, sogar meine Schwiegermutter tippt besser als ich, und die geht nach der Farbe der Trikots!

Ich denke einfach zu viel nach: Der Dortmunder Aufwärtstrend ist schwach, Rostock wird sich richtig reinhängen, das sieht nach einem ganz klaren 1 : 0 aus. Und genauso kam es, nur dass Agali für Rostock zwar mit einem Kopfball gleich beide Pfosten traf, die Pille aber nicht über die Linie kriegte. Am Ende hatte man den Eindruck, das Spiel wurde im Losverfahren entschieden.

Des Weiteren war es eine glasklare Tatsache, dass Cottbus, die gegen uns ziemlich gut gespielt, aber verloren hatten, dem schwächelnden Pokalsieger aus Nürnberg mit 1 : 0 in die Suppe spucken würden. Taten sie auch, dummerweise wurde das Spiel nicht nach 84 Minuten abgepfiffen.

Womit eines bewiesen wäre: Es liegt gar nicht an mir.
Meine Tipps sind super, nur die Spiele gehen falsch aus.

Habbich, Habbinich!

Meine Leidenschaft für Fußball wäre schon als Kind nicht
komplett gewesen ohne das Sammeln von Fußballbildern.
Ständig erbettelte ich damals von Verwandten Kleingeld,
um mich an der Bude mit Tütchen eindecken zu können,
nur um dann festzustellen, dass die Bilder des Heimatvereins offenbar verstärkt in Frankfurt verkauft wurden, während einem hier pausenlos die uninteressanten Gesichter
der dortigen »Eintracht« entgegenfielen.

Eine Möglichkeit, an Bilder zu kommen, die man noch
brauchte, um sein Album vollzukleben, war das »Schnib-
beln«, in manchen Straßen auch »Schäbbeln« genannt.
Nicht zu verwechseln mit dem ebenfalls sehr beliebten
»Gallern«. Beim Gallern ging es um Münzen, beim Schnib-
beln um Bilder. Man ging in die Hocke, klemmte die Ecke
eines Bildes zwischen Zeige- und Mittelfinger und warf das
Ding aus dem Handgelenk gegen eine Wand. Der, dessen
Bild am nächsten zur Wand zu liegen kam, durfte alle anderen einsammeln. Um den Sieg wurde trefflich gestritten:
»Mein Heynckes liegt ja wohl am nächsten dran!« – »Hast
du Augenkrebs? Mein Danilo Popivoda hat mindestens
einen halben Meter Vorsprung!« – »Los, wir messen das
mit dem Geo-Dreieck aus!«

Sehr viel effektiver, um die Sammlung zu vervollständi-
gen, war das Tauschen. Man zeigte sich gegenseitig, was
man hatte, mit dem Daumen immer ein Bild vom Stapel in

der linken Hand wischend, und der gegenüber sagte dann: »Habbich, Habbich, Habbinich, Habbich«, und die »Habbinichs« wurden rausgezogen. Wenn man mit dem Stapel durch war, ging das Verhandeln los. Ein Jupp Kaczor ging dann nicht unter drei Bayern weg.

Noch heute ärgere ich mich, dass meine alten Alben die Fährnisse der Zeitläufte nicht überstanden haben und einfach verschüttgegangen sind. Nun gut, denkt man sich irgendwann, wahrscheinlich in der Pubertät, das liegt jetzt hinter mir, ich lenke meine Energien lieber auf Mädchen, Alkohol und Radaumusik mit Stromgitarren. Bildchen sammeln ist Kinderkram.

Habe ich auch gedacht.

Neulich stand ich mit zwei anderen Vätern zusammen, und wir parlierten über Weltpolitik, bis Heiner ein wirklich wichtiges Thema ansprach: »Findet ihr nicht auch, dass man die Mannschaftsbilder in den Panini-Alben unmöglich korrekt zusammenkleben kann?« Die Erleichterung, dass endlich jemand dieses Problem verbalisierte, war mit Händen zu greifen: »Allerdings! Das ist wirklich eine Unverschämtheit!« – »Und die silbernen Bildchen, also die Vereinswappen und die Mannschaftskapitäne, kriegt man so schwer abgezogen!« – »Macht mich wahnsinnig!« – »Klebst du auch die Dortmunder immer absichtlich ein bisschen schräg ein?« – »Nee, das kann ich nicht haben. Ich lass auch die Kinder nicht selbst einkleben, wie sieht das denn aus!«

Und schwupp, hatten wir alle unsere Packen mit den Doppelten aus der Tasche geholt und murmelten: »Habbich, habbich, HabbiNICH! Oder? Ich weiß nicht genau!«

Das ist der Moment, wo man wieder mal merkt, dass man

älter wird. Als Kind hatte man lückenlos im Kopf, wen man hatte und wen nicht, heute zieht man eine ausgedruckte Excel-Tabelle aus der Tasche, wo die fehlenden Bilder verzeichnet sind.

»Ich geb dir Klose und Amedick für den Concha.« – »Willst du mich beleidigen? Für den will ich mindestens drei Bayern!« – »Zwei Bayern und einen Stuttgarter, aber nicht Luca Toni und nicht Gomez!« – »Dann musst du aber noch einen Bremer drauflegen!« – »Einen Wolfsburger. Ist auch grün!« – »Gebongt!«

Und um den Rest wurde dann geschnibbelt. Und wie früher waren hier die Auseinandersetzungen vorprogrammiert. Nur die Entscheidungsmöglichkeiten sind modernisiert worden: »Ha! Das sind alles meine!« – »Du bist doch nicht ganz dicht! Mein Willi ist mit der oberen Spitze viel näher an der Wand!« – »Mir ist egal, wo dein Willi ist, aber mein Ingwer Carlsen-Bracker liegt so nah dran, den kann dein Duisburger gar nicht mehr sehen!« – »Leute, beruhigt euch, ich gehe schnell nach Hause und hole diesen Laser-Abstandsmesser, damit kriegen wir Klarheit!«

Bildersammeln ist eine viel zu ernste Angelegenheit, als dass man sie Kindern überlassen könnte.

Begegnung auf »Herren«

Ich bin ja viel seltener schlagfertig, als alle glauben. Oft fallen mir erst Stunden später all die treffenden Sentenzen ein, mit denen ich meinen Kontrahenten in einer Diskussion hätte auskontern können. Einmal jedoch hat es besonders gut geklappt, und es hatte mit Fußball zu tun und den Rivalitäten, denen wir uns im Ruhrgebiet so gern hingeben.

Lassen Sie mich jedoch zuerst ein wenig ausholen: Ich bin Disuriapsychiker. Das heißt, ich kann nicht pinkeln, wenn jemand anderes danebensteht, sei der Drang auch noch so groß. Früher hat mich das belastet, doch seitdem ich weiß, dass es dafür einen lateinischen Namen gibt, geht es mir besser.

Meines Wissens gibt es für dieses Leiden bisher keine Selbsthilfegruppen – obwohl die Vorstellung etwas Reizvolles hat: Zwölf Männer sitzen in einem Gruppenarbeitsraum der örtlichen Volkshochschule im Kreis, um sich gegenseitig das Urinieren vor Zeugen beizubringen. Einer steht auf und sagt: »Hallo, ich bin der Dieter, und ich kann nicht, wenn einer danebensteht!« Die anderen applaudieren und rufen: »Toll, Dieter, dass du das einfach so sagen kannst! Du bist auf einem guten Weg!« Haben alle diesen ersten Schritt des Bekennens hinter sich, trifft man sich vielleicht drei Wochen später auf der Toilette der VHS und sieht sich gegenseitig zu, schließlich ist man zu Gast bei Freunden. Beim nächsten Schritt geht die ganze Gruppe in eine Kneipe oder ein Restaurant, und die einzelnen Mitglieder folgen nach und nach fremden Männern auf die Toilette und beginnen mit ihnen am Becken ein zwangloses Gespräch. Und als Höhepunkt der Therapie macht man den Schwarzen Gürtel im öffentlichen Pinkeln und besucht die Toilette eines Fußballstadions in der Halbzeitpause.

Beim Besuch eines Bundesligaspieles muss man bekanntlich seine Ansprüche an »Hygiene« sehr weit herunterschrauben. Früher hatte ich einen Stehplatz in der Ostkurve des Bochumer Ruhrstadions, und hier machte sich nicht jeder die Mühe, sich durch die Massen zur Toilette durchzudrängeln. Es war also nicht ratsam, von jedem freundlich angebotenen Bierbecher auch gleich zu kosten.

Auf den Sitzplätzen geht es ein wenig gesitteter zu, aber nur ein wenig. Auf jeden Fall sind die Toiletten auch hier in der Halbzeit total überlaufen. Dutzende quetschen sich durch die enge Tür, neben der dieses irreführende Wörtchen »Herren« angebracht ist. (Es sind schon viele merkwürdige Wesen hier gesichtet worden, aber noch kein einziger »Herr«.)

Es war beim Spiel des VfL Bochum gegen Borussia Dortmund. Ich reihte mich in den Strom der »Herren« ein und ließ mich in das gekachelte Innere treiben, klinkte mich dort nach links aus und wartete, bis eine der fünf Kabinen frei wurde. Ich erledigte, was zu erledigen war – natürlich im Stehen. Nicht, weil ich mich hier noch dieser urmännlichen Form der Verrichtung straflos hingeben darf, sondern weil auf diesen robusten Edelstahlschüsseln nicht mal Brillen angebracht sind. Zum Abspülen baute ich mich, einer Laune folgend, seitlich des Beckens auf, was sich als überaus klug herausstellte, hatte ich doch bis dahin nicht bemerkt, dass das Rohr, das von der Spülung zur Schüssel führte, abgerissen war und in aufstrebendem Winkel abstand. Mit Urgewalt schoss ein Schwall Wasser an mir vorbei an die Innenseite der Kabinentür. Das war peinlich. Jeder musste jetzt denken, ich hätte in die falsche Richtung gestrullt. Wortreich versuchte ich, meinem Nachfolger zu erklären, was wirklich passiert war, erntete aber nur ein: »Lassmidurch!«

Genauso schwierig wie das Betreten ist das Verlassen von »Herren«. Ich machte es so wie vorhin: Ich reihte mich ein und ließ mich treiben. Sich zu den Waschbecken durchzukämpfen, um sich die Hände zu spülen, kann man hier komplett vergessen. Man hofft einfach, dass der scharfe Senf der Stadionbratwurst, mit dem man sich gleich unwiderruflich bekleckern wird, die Griffel desinfiziert.

Also, der ganze Besuch auf »Herren« war wie immer sehr anstrengend gewesen, doch als es so aussah, als hätte ich gleich alles hinter mir, musste ich feststellen, dass sich offenbar ein Vertreter der schwarz-gelben Pest in unseren Block B eingeschlichen hatte. Plötzlich brüllte jemand hinter mir her: »Ey! Bei uns in Dortmund hammwa gelernt, datt man sich hinterher die Hände wäscht.« Und ich: »Bei uns in Bochum hammwa gelernt, datt man sich nich auf die Finger schifft!«

Tja, und da war ich doch mal richtig zufrieden mit mir.

Sogar in New York ...

... musste ich an den VfL Bochum denken.

Natürlich hatte ich mir vorgenommen, mich im Trikot meines Heimatvereins vor der Freiheitsstatue oder auf dem Empire State Building fotografieren zu lassen, doch dann erfuhr ich, dass so ziemlich jeder meiner Freunde und Bekannten schon vor mir auf diese Idee gekommen war. Ich bin so ungern (wenn auch ziemlich oft) unoriginell, also ließ ich das Vorhaben fallen.

Als ich in den Herbstferien 2007 zum ersten Mal die Hauptstadt der Welt besuchte, trat die Baseball-Saison gerade in die entscheidende Phase. Die New York Mets hatten über Monate die Eastern Conference der National League mit haushohem Vorsprung angeführt und schon begonnen, die Karten für die Play-offs zu verlosen, und dann verbockten sie es. Sie verloren ein Spiel nach dem anderen, und am Ende hatten sie Geschichte geschrieben: der schlimmste Zusammenbruch eines Teams in der Geschichte des Baseballs, sieht man mal von den Brooklyn Dodgers ab, die 1951 einen noch größeren Vorsprung verspielt hatten, aber nicht in so wenigen Spielen.

Die Zeitungen, egal ob die marktschreierischen Tabloids oder die seriöse *New York Times*, kannten nur noch ein Thema: das Versagen der Mets. Ein Reporter der Daily News sagte sich offiziell von seinem Fantum los und lief zu den rivalisierenden Yankees über. Zum Sinnbild der Katastrophe wurde ein Fan, der, den Kopf in den Nacken gelegt und die Hände auf der Kappe verschränkt, mit Tränen in den Augen die Titelseite der News geschmückt hatte und so zu seinen jedem Amerikaner zugesicherten fünfzehn Minuten Ruhm kam. Der Mann war Lehrer und schrieb am Morgen nach dem Spiel an die Tafel, man solle ihn bitte nicht auf die Mets ansprechen, sondern einfach nur Unterricht machen. Es ist ein besonderer Tag für dich als Schüler, wenn dein Pauker um Gnade winselt.

Na ja, jedenfalls habe ich mir dann vorgestellt, was passieren würde, wenn der sympathischste Fußballclub Deutschlands (und ich meine NICHT Bayer Leverkusen!) fünf Tage vor Ende der Saison mit, sagen wir mal: zehn Punkten Vorsprung führen würde. Als jemand, der im September 1976 im Alter von zehn Jahren dem 5:6 gegen Bayern München beiwohnen musste, möchte ich mich nicht zu tief in diese Fantasie versenken.

Bei den Freunden, in deren Haus wir während der zehn Tage übernachten durften, geriet ich dann noch in ein Gespräch mit einem jener Amerikaner, die Niederlagen ohnehin für eine Krankheit halten, die aus Europa eingeschleppt wurde. Als der Mann (nennen wir ihn Mike) mich fragte, wie oft denn der VfL schon German Champion gewesen sei, sagte ich ihm dummerweise die Wahrheit. Mikes Gesicht zerfiel in Trauer und Abscheu. »Never?«, fragte er zurück. »Never ever, sorry«, meinte ich, mich entschuldigen zu müssen. Mike rieb sich mit den Händen das Gesicht. »Sure? Maybe you just forgot!« – »I would remember that, believe me!« Mike dachte nach. »Maybe before you were born!« – »I would remember it anyway.« Er meinte dann noch, vielleicht sei ich als Kind von Arabern entführt worden, die mir eine Gehirnwäsche verpasst hätten, worauf ich antwortete, das könne ich nicht ausschließen, und damit gab er sich dann zufrieden, bestätigt in zumindest *einem* Teil seines Weltbildes.

Und jetzt lasse ich mich in einem Mets-T-Shirt vor dem Bismarckturm fotografieren.

Fremdgehen mit Wacker

Ein Fußballspiel zu besuchen, an dem die eigene Mannschaft nicht teilnimmt, ist ein bisschen wie Ehebruch. Na gut, der Vergleich hinkt. Beim Ehebruch soll ja bisweilen eine Menge Leidenschaft mit im Spiel sein, was man beim fußballerischen Fremdgehen oft nicht behaupten kann.

Da meine Frau aus einem kleinen Kaff in der Nähe von Erlangen stammt und ihre Schwester nebst vier fußballverrückten Kindern in Nürnberg wohnt, habe ich auch das dortige Stadion schon besucht und festgestellt, dass Fußballplätze mit einer Laufbahn drumherum einfach nicht mehr zeitgemäß sind. Auch die süddeutsche Zurückhaltung, die auf den Sitzplätzen geübt wird, ist meine Sache nicht. Wird bei uns auch in Block B der Schiedsrichterassistent aus der Sitzschale heraus aufgefordert, sich doch bitte seine Fahne rektal einzuführen, entschlüpft dem Nürnberger Tribünengast gerade mal ein »Des war net in Ordnung!«.

Zweimal bereits habe ich den Wacker Sportpark in Burghausen besucht. Mein viel zu früh verstorbener Schwiegervater stammte von dort, weshalb sich noch immer ein Mehrfamilienhaus im Besitz der Familie befindet, um welches sich meine Schwiegermutter kümmern muss. Vor ein paar Jahren hatte sie da einen Wasserschaden, ihr langjähriger Klempner war unzuverlässig geworden, also setzte sie sich mit dem Marktführer am Ort in Verbindung. Der Chef, selbst Witwer, erschien am Schadensort, und die Hormone hatten Frühling. Meine Schwiegermutter zog nach Burghausen, und wir verbringen dort für lau unsere Sommerurlaube, ja, wir finden uns bisweilen sogar außer der Reihe dort ein.

Und so begab es sich, dass ich vor einigen Jahren die Zweitliga-Partie zwischen Wacker Burghausen und LR Ahlen besuchte, gemeinsam mit Schwiegermutters Gspusi, der von den Kindern bereits »Opa Klaus« genannt wurde. Vor dem Stadiontor wurden wir von einem jungen Mann mit Klemmbrett in der Hand aufgehalten, der uns fragte, wo wir herkämen, man versuche gerade den Einzugsbereich des SV Wacker zu ermitteln. »Nun«, sagte ich, ich komme aus Bochum.» Darauf der junge Mann: «Das habe ich nicht auf der Liste.» Ich war nicht amüsiert. «Dann schreiben Sie das aber mal ganz schnell da drauf!» Nun sind viele Menschen in dieser Gegend bei der Freiwilligen Feuerwehr oder dem örtlichen Schützenverein, mithin in hierarchisch klar gegliederten Organisationen, weshalb der Mann meiner Aufforderung bereitwillig nachkam.

Übrigens: Im Wacker-Team stand an diesem Abend der ehemalige Bochumer Torhüter Uwe Gospodarek, als Trainer der Gastmannschaft fungierte der frühere Bochumer Torschützenkönig und spätere VfL-Manager Stefan Kuntz. Ich war also nicht der einzige Bochumer. Das Spiel war im Übrigen eher in der Kategorie »Grottenkick« abzulegen. Wacker verlor mit 0:1.

Ende November 2005 besuchten Scotty und ich das wahrscheinlich auf sehr lange Sicht letzte Liga-Auswärtsspiel des VfL in Burghausen. Hatte ich den Kick gegen Ahlen in jeder Hinsicht weitgehend nüchtern verfolgt, war das hier schon etwas anderes, schließlich ging es um den sofortigen Wiederaufstieg in die Erste Bundesliga. Opa Klaus hatte uns seine zwei Dauerkarten zur Verfügung gestellt, die er jede Saison bekommt, da er mit seinem Unternehmen Bandenwerbung im Wacker Sportpark macht. Ein Cousin meiner Frau war ebenfalls zugegen und wiegelte immer wieder ab, eigentlich sei Burghausen ja viel zu klein für die zweite Liga und die Leute auch nicht so wild auf Fußball. Irgendwie deprimierend, wenn sich der Gegner schon vorher entschuldigt.

Nun, zumindest regierte hier nicht der nackte Wahnsinn. Als nach ein paar Minuten unsere Mannschaft die erste Torchance vergab, sprangen Scotty und ich auf und echauffierten uns in einer der Situation angemessenen Art und Weise, also laut und schmutzig. Die Umsitzenden sahen uns an, als würden uns Leichenteile aus der Tasche hängen. Dass viele lange vor dem Schlusspfiff den Ort des Geschehens verließen, mag nicht nur an der deutlichen 4:0-Führung des VfL gelegen haben.

Es begab sich dann aber doch noch, dass mal die ganze Familie für den SV Wacker gebrüllt und gezittert hat, und zwar bei diesem packenden Pokalspiel gegen Bayern München am 6. August 2007. Meine Schwiegermutter, zu diesem Zeitpunkt auf Besuch bei uns in Bochum, gab vor, sich für das Spiel, das live im Ersten übertragen wurde, nicht sonderlich zu interessieren, und das, obwohl ein Mädchen aus der weitläufigen Verwandtschaft als sogenanntes »Einlaufkind« (ein hässliches Wort!) an der Hand eines Bayernspielers aufs Feld gelaufen kam. Man rechnete mit einem deutlichen Sieg der Münchener Millionentruppe.

Schwiegermutter schaltete sich erst in der zweiten Halbzeit zu, als gerade ein Schuss der Burghausener knapp am Tor vorbeiflog. Plötzlich zeigte sie sich interessiert. Und als in der 61. Minute der tapfere Neubert das 1:0 für Wacker erzielte, ging eine Veränderung mit ihr vor. Nach dem unwillkürlichen, sie selbst verwundernden, nichtsdestotrotz ohrenbetäubenden Torschrei verengten sich ihre Augen, ihr Kopf schob sich nach vorne, um das Geschehen auf der Mattscheibe in der gebotenen Deutlichkeit verfolgen zu können. Die folgenden dreißig Minuten plus Verlängerung plus Elfmeterschießen waren ein weiterer, eigentlich nicht mehr notwendiger Beweis, dass Fußball irgendwann alle kriegt und dass detaillierte Regelkenntnis keine Voraussetzung für bedingungslose Hingabe ist. »Ja, mei, wieso krriegt jetzt der Münchner den Ball?« – »Na ja, weil der Gegenspieler ihn umgehauen hat!« – »Herrschaftszeiten, des is doch nur a Münchnerl«

In der 79. Minute fiel der Ausgleich für den FC Bayern. Von neutralen Beobachtern wird dann gern der Begriff »verdient« ins Spiel gebracht, womöglich aufgrund der »größeren Spielanteile«. Dabei wird gern übersehen, dass es einen »verdienten« Ausgleich oder eine »verdiente« Führung für den FC Bayern per Definition nicht geben kann!

Selbstredend gingen wir davon aus, dass der deutsche Abo-Meister die Zweitliga-Absteiger jetzt aus ihrem kleinen Stadion schießen würde, tatsächlich aber kämpften die wackeren Wackerer das Match über die Zeit. Das folgende Elfmeterschießen war eigentlich nicht zu ertragen: Ribéry bringt Bayern in Führung, Schulz knallt den Ball an die Latte. Van Bommel verwandelt. Alles nach Plan. Neubert verkürzt auf 1:2. Und Torhüter Riemann hält den Elfer von Sosa! Der Junge hatte schon vorher weltklasse gehalten, jetzt brachte er Wacker wieder ins Spiel. Aber Martins setzt den Ball an den Pfosten: Wacker am Boden. Dann verschießt Altintop, und Schmidt verwandelt, es steht 2:2. Lahm erhöht für die Bayern, kein anderer als der junge Torhüter Riemann haut den nächsten Elfmeter für Wacker in die Maschen und hält dann den Schuss von Demichelis. Was passiert hier? Was die Wacker-Fans auf der Stahlrohr-Tribüne anstellen, ist sicher auf der Richter-Skala abzulesen und wird noch in Erdbebenforschungsinstituten in San Francisco registriert. Wacker schmeißt Bayern raus, bin ich mir jetzt sicher, und zu diesem Zeitpunkt bin ich ja noch davon überzeugt, dass meine Mannschaft im nächsten Jahr im Finale stehen wird. Danke, Wacker, dass ihr den schwersten Endspielgegner schon mal rausgeschmissen habt!

Dann aber hält Oliver Kahn, nicht gerade als Elfmeterkiller bekannt, gegen Palionis. Die letzten Hoffnungen der Burghausener ruhen jetzt auf dem 22-jährigen Thomas Mayer – der dann aber leider gegen Kahn verschießt. »Nein!«, schreit meine Schwiegermutter, und: »Oh Gott, der arme Junge! Des darrf net wahr sein!« Als VfLer kenne ich das: So kurz davor, und dann doch wieder nix.

Auch ich war richtig erschöpft nach dem Spiel. Ich hatte zwar kein schönes, wohl aber ein tolles Fußballspiel gesehen. Damit war bewiesen: Die eine Art fremdzugehen sollte man gar nicht machen. Die andere aber, die im Fußball, kann manchmal ganz schön sein.

Gewinnen ist Verlieren

IV

Hermann Gerland hätte diesen Ball gegessen!

Wie gesagt, der Fan muss leiden. Aber manchmal ist »leiden« ein viel zu schwaches Wort.

Im Jahr 2004 erwarb sich der VfL Bochum zum zweiten Mal das Recht, am Uefa-Pokal teilzunehmen. Für die Qualifikation zur Gruppenphase wurde uns Standard Lüttich als Gegner zugelost. Lüttich, das ist nicht weit, also dachten Scotty und ich: Da fahren wir mal hin.

Am 16. September sitzen wir also mit fünfzig anderen Fans in einem Bus nach Belgien. Das hat was von Klassenfahrt, nur dass diesmal der Kasten Bier ganz offiziell im Mittelgang steht.

Mein Vorsatz, mich nicht schon auf der Hinfahrt sinnlos zu besaufen, hält gerade bis zur Autobahnauffahrt. Dann sage ich mir: Ist ja nicht sinnlos. Ich schreie einfach lauter, wenn ich blau bin!

Zwei sprachbegabte Edelfans versuchen, dem Rest einen Sprechchor auf Französisch beizubringen, der dann an die

anderen Busse weitergefunkt werden soll. Über das Bord-
mikrofon versucht der eine, uns Mitreisenden »Du hast
keine Chance, Standard Lüttich!« in eben jenem fremden
Idiom beizubringen, zur Melodie von »Von den blauen Ber-
gen kommen wir!«. Hektisch den Kopf schüttelnd, eilt der
andere nach vorn, reißt die Sprechhilfe an sich, erklärt die
von seinem Vorredner benutzte Konstruktion für gramma-
tikalisch falsch und bietet eine alternative Formulierung
an. Das ist ja genau das, was die Fans hören wollen: eine
Französischstunde – und es geht auch noch um die Sprache!
Scotty brüllt: »Wenn wir denen 4:0 einen auffen Arsch
geben, wissen die auch, wat dat heißt!«

Am ehemaligen Grenzübergang Aachen-Lichtenbusch
dürfen alle aussteigen und zusammen mit den Leuten
der anderen fünfzig Busse in die nächste Wiese pinkeln,
und zwar unter Aufsicht von Spezialeinheiten des Bun-
desgrenzschutzes, für den wir alle potenzielle Hooligans
sind.

Kaum rollen wir durch die ersten Außenbezirke von Lüttich, erweist uns die einheimische Jugend vermittels Hitler-
Gruß ihren Respekt. Wir antworten mit dem international
verständlichen »Schau mal, was ich für einen schönen Mittelfinger habe!«.

Das Stadion sieht von außen aus wie ein Baumarkt. Was
den Einlass angeht, habe ich vorher schon mit allem gerechnet, nicht aber mit schwerem Petting. Als der junge
Mann von der Security mit mir fertig ist, will ich mir einen
Schwangerschaftstest kaufen, vorsichtshalber.

Drinnen überfällt mich Harndrang. Statt einer Toilette
finde ich jedoch nur ein Areal direkt an der Stadionmauer,
wo zwei lange Metallwände im spitzen Winkel aufeinan-

dertreffen und gegen die schon lustig gebrunzt wird. Der Urin läuft dann das abfallende Gelände hinunter in einen Gulli. Die spinnen, die Belgier!

Die Tribünen im Stadion sind irrsinnig steil und irrsinnig dreckig. Das Spiel ist weniger steil und endet torlos, obwohl wir eigentlich hätten gewinnen müssen. Aber eigentlich soll man ja auch mehr Schwarzbrot essen.

Auf der Rückfahrt wird erst getrunken, dann gesungen, dann geschlafen.

Zwei Wochen später das Rückspiel. Zu Beginn eine Stimmung, für die dürre Worte nicht ausreichen. In solch einer Laune werden üblicherweise Staaten gegründet und Freiheitsmanifeste geschrieben! Alle, wirklich ALLE singen alles, wirklich ALLES mit. Bis auf die 3000 Belgier, denen wir heute leider eine schwere Depression verpassen müssen. Erwartungsgemäß kurz vor der Pause das 1:0. Alles läuft nach Plan.

In der zweiten Hälfte wird uns ein klarer Elfmeter verweigert. Die Belgier werden immer besser, aber wir scheinen das Spiel irgendwie über die Zeit zu bringen.

Dann die 93. Minute. Gefühlt die 212. Leider werde ich nie vergessen, wie der Ball durch den Bochumer Strafraum – nun ja: kullert. Ein etwas zu hoher Halm hätte ihn aufhalten können. Ich selbst wäre in der Lage gewesen, ihn mit der schlappen Eichel zu stoppen! Und schon sehe ich einen Bochumer Spieler heraneilen. Gut, denke ich, der knallt das Ding jetzt über die Südtribüne nach draußen, bis hinüber in die JVA Krümmede, und dann ist Schluss, und wir sind durch. Sekunden später sehe ich den Fuß von Eduardo Gonzalves durch die Luft fliegen – aber an diesem Fuß ist kein Ball. Der Ball ist plötzlich an einem belgischen Fuß und kurz darauf im völlig falschen Tor. Eine weitere Minute später ertönt der Abpfiff.

Wir sind ungeschlagen aus dem UEFA-Pokal ausgeschieden.

Weil einer über den Ball gesenst hat.

Der Mann neben mir sagt nur einen einzigen Satz. Zu diesem Zeitpunkt weiß ich noch nicht, dass ich in der gesamten Saison keinen weiteren mehr von ihm zu hören kriegen werde. Er sagt: »Der einzige Brasilianer, der keinen Fußball spielen kann, spielt ausgerechnet für uns!«

Um uns herum ein Meer der Tränen: weinende Kinder, weinende Männer, weinende Hunde. Ich denke: Das ist auch eine Qualität dieses Vereins: Brasilien hat mehr als 180 000 000 Einwohner, die alle fantastisch Fußball spielen können. Sogar das brasilianische Au-pair-Mädchen unserer Nachbarn kann fantastisch Fußball spielen. Und wir finden den einen, der nicht mal einen humorlosen Befreiungsschlag hinkriegt! Ich denke: Das wäre in den Siebzigern nie passiert! Hermann Gerland hätte diesen Ball gegessen! Und im gegnerischen Tor wieder ausgeschissen!

Früher war nicht alles besser. Aber das schon.

Unter Knappen

Wir tun es nicht oft, aber manchmal muss es sein: Scotty und ich besuchen ein Auswärtsspiel des VfL Bochum. Am 24. November 2006 tun wir das mal wieder in Gelsenkirchen, wo sie ganz mächtig stolz auf ihr supermodernes Stadion sind.

Scotty heißt eigentlich Stefan Schotte und verdient sein

Geld damit, dass er anderen Leuten dabei hilft, Steuern zu sparen. Vor neun Wochen hat sein Arzt ihm eröffnet, dass seine Blutwerte in etwa den gleichen Tabellenstand aufwiesen wie der VfL Bochum. Im Falle eines weiteren Abstiegs würden sie jedoch keinen Umweg über die Zweite Liga machen, sondern gleich auf den letzten Platz der Kreisklasse C durchgereicht werden. Die vergangenen zwei Monate hat Scotty also unter Anleitung einer Ernährungsberaterin, die ausgerechnet in Essen (!) praktiziert, nicht weniger als fünfzehn Kilo abgenommen. Ich finde, er sieht aus wie ein Schiffbrüchiger. Ich glaube, er ist sogar geschrumpft.

Jedenfalls hat er auch neun Wochen lang keinen Tropfen Alkohol getrunken. »Heute aber«, sagt er schon in der Straßenbahn, die zweite von drei Bierdosen in der Hand, »heute ist Pause. Das Tier will raus!«

Auch was den Spielausgang angeht, ist Scotty gnadenlos optimistisch: »Auf Schalke haben wir immer gut ausgesehen. Die nageln wir heute an die Wand!«

Am Stadion quellen wir aus der engen Bahn und erledigen den Rest zu Fuß. Vor uns erhebt sich dieser massige, erleuchtete Bau, der nach allem aussieht, nur nicht nach Stadion.

»Sieht aus wie ein Raumschiff«, sage ich.

»Sind ja auch lauter Aliens drin«, meint Scotty und knackt die dritte Dose.

»Willst du nicht mal langsam machen?«

Scotty schüttelt den Kopf und sagt: »Heute isser fällig!«, als würde er über jemand anderen sprechen. Körperverletzung mit Ansage, und das Opfer ist man selbst.

Bis zum Stadion hat Scotty die dritte Dose durchgearbeitet. Jetzt holt er vier kleine Flaschen Underberg aus der

Jackentasche und schiebt sie sich in die Socken. »Wenn ich da reingehe, dann nur bewaffnet!«

Die Leibesvisitation am Eingang entspricht den Sicherheitsvorkehrungen bei USA-Flügen. Scottys Versuch, sich von der scharfen Blondine in der Mitte abtasten zu lassen, schlägt fehl. »Hier nur Frauen!« – Auch Scottys Argument: »Ey, vor neun Wochen hatte ich im Sitzen noch Brüste!«, zieht nicht.

Hat man die Sicherheitsbarriere überwunden, befindet man sich quasi auf exterritorialem Gebiet, jedenfalls außerhalb der Euro-Zone. Man erwirbt eine »Knappenkarte« mit aufladbarem Mikro-Chip. Damit soll es beim Bierholen deutlich schneller gehen.

Scotty tritt an den Kartenschalter, hinter dem eine junge Frau mit langen, roten Korkenzieherlocken sitzt. Das ist nicht gut. Attraktive Frauen sind das Letzte, was Scotty in seinem Zustand braucht. »Komm, Schätzken, mach ma siebenhundert auf die Karte. Damit bring ich mich auf Betriebstemperatur, und nach dem Spiel gehen wir zwei Süßen schön irgendwo chillen, was?« Die eine hochgezogene Augenbraue der jungen Frau verrät, dass sie nicht weiß, ob sie Scotty noch »Vati« oder schon »Oppa« nennen soll.

Scotty verzieht auch gleich schmerzhaft das Gesicht, aber das hat nichts mit der Abfuhr zu tun, die er gerade bekommen hat, sondern eher damit, dass er eine der Underberg-Flaschen in seinem Schuh zertreten hat. Auf dem Weg zur Toilette stütze ich ihn. Wir schließen uns in eine Kabine ein, Scotty hockt sich auf den Klodeckel und zieht den Schuh aus. Underberg und Blut tropfen heraus. »Rucke-di-gu, Blut ist im Schuh!«, murmelt der Verletzte und beginnt, sich Glasscherben aus der Fußsohle zu ziehen. Eine zweite Underberg geht zum Desinfizieren drauf. Die dritte und vierte fügt Scotty gleich seinem gierenden Organismus hinzu. »Damit so watt nich nomma passiert! Watt für ne Verschwendung!«

Per Knappenkarte erwerben wir sechs Pils in der Tragepappe. Sehr praktisch, die Dinger. Wir nehmen unsere Plätze ein. Wir sitzen im oberen Teil der Haupttribüne. Neben uns lauter Menschen in den richtigen Farben, die aber trotzdem für den falschen Verein sind.

Der VfL hat nach sieben Minuten eine Riesenchance, liegt aber nach einer halben Stunde trotzdem 0:2 hinten. »Datt hamm wir gebraucht«, meint Scotty. »Ohne Rückstand nehmen wir sonn Spiel gar nich ernst!« Klar, denke ich. Und der 16. Tabellenplatz berechtigt ja auch zur direkten Teilnahme am UEFA-Pokal. Ich will mir mein zweites Bier aus der Tragepappe nehmen, muss aber feststellen, dass keins mehr da ist.

»Ey, die Schalker Schweine haben uns das ganze Bier geklaut!«

»Nee, nee«, meint Scotty nur.

»Soll das heißen, die hast DU dir alle reingekippt? Da waren sechs Stück drin! Und ich hatte nur EINS!«

»Heute isser fällig«, murmelt Scotty.

»Wenn das so weitergeht, lässt sich deine Frau heute Nacht noch von dir scheiden!«

»Versprochen?« Scotty sieht mich an. Eines seiner Augen tut das jedenfalls.

Die Halbzeit verbringe ich am Bierstand. Ganz so schnell geht es mit den Chipkarten dann doch nicht. Neben der Bierbude hängt ein Fernseher, auf dem ich vier Minuten nach Wiederanpfiff unser Anschlusstor mitkriege.

Auf das Bier werde ich diesmal etwas besser aufpassen. Scotty finde ich am Treppenaufgang zu Block 9, wo er sich am Geländer festhält und auf eine hübsche Dunkelhaarige einredet. »Nee, sarich, fuffzehn Kilo schön und gut, aber heute isser fällig, weiße. Und seit meiner Scheidung bin ich überhaupt viel fitter, also in jeder Hinsicht. Wie isset: Gleich noch nach Bochum ins *Exhibition*?« Die Frau lacht, und das ist genau die richtige Antwort.

Ich nehme meinen Platz alleine ein und frage mich nach einiger Zeit, ob die Dunkelhaarige einem schwer neurotischen Fetisch frönt: statt Lack und Leder besoffene Steuerberater. Irgendwann mache ich mir doch Sorgen und gehe nachsehen. Scotty hält sich noch immer am Geländer fest, nur die Dunkelhaarige ist nicht mehr da, was ihm aber noch nicht aufgefallen ist. »Wir können au zu dir gehen, klar, kein Thema, ich muss nich inne Disco, is ja viel gemütlicher zu Hause, muss mir nur sagen, wo wir uns nachem Spiel treffen, Papa is immer Gewehr bei Fuß!«

Am Ellenbogen führe ich ihn zu seinem Platz zurück. »Ey, ich sach dir, die Olle is rattich! Der springtet doch ausse Augen, ey! Hamm die Leverkusener noch n Tor gemacht?«

Den Schalkern fällt in Halbzeit zwo nicht mehr viel ein, sie haben aber am Ende trotzdem mit viel Mühe 2:1 gewonnen. Völlig berauscht von ihrem souveränen Sieg gegen die europäische Spitzenmannschaft aus der Nachbarstadt schreien die Knappen: »Spitzenreiter, Spitzenreiter, hey, hey!« Ja, ja, ich bin auch stolz, wenn ich gegen meinen Fünfjährigen im Mensch-ärgere-dich-nicht gewinne.

Beim Rausgehen klaut sich Scotty von irgendwoher ein Bier und versucht, das auf dem Kopf zu balancieren. Klappt nicht. Umstehende nehmen Schaden.

»Ey, du Arsch! Ich zieh dir 'n Horn, da kannze deine Jacke dran aufhängen!«

»Lass ma, Erwin, der hattet schwer genuch, der is Bochumer!«

»Ach so, na komm Junge, ich geb dir noch einen aus.«

Ein paar Bier später sind Erwin und Scotty Brüder. Ich lotse ihn da weg, bevor er diesem unrasierten Schlosser einen Zungenkuss gibt. »Ey, du biss doch völlich fratze!«, herrscht Scotty mich an. »Die war rattich, die Olle, ehrlich, die hattet gar nich mehr ausgehalten!«

»Mensch Scotty, die heißt Erwin!«

»Ja, mit Nachnamen!«

Der Rücktransport per Straßenbahn kommt nicht in Frage. Einmal habe ich das hier nach einem Spiel versucht und war nach anderthalb Stunden gerade mal am Hauptbahnhof Gelsenkirchen, weil zwischendurch ständig irgendwelche Zugedröhnten die Notbremse zogen, um an den Straßenrand zu pinkeln. Irgendwann fuhr der Straßenbahnfahrer mit offenen Türen, damit wir überhaupt vorankamen. Das machte es mit dem Pinkeln für viele Beteiligte leichter.

Ich gönne Scotty und mir eine 50-Euro-Taxifahrt nach Hause, die er bezahlen darf. Im Bochumer Süden angekommen, schleppe ich Scotty so leise wie möglich ins Haus und lege ihn im Gästezimmer ab. Ausziehen bringe ich nicht über mich. Vorsichtshalber hole ich einen kleinen Spiegel aus dem Bad und halte den vor seinen Mund, um zu prüfen, ob da überhaupt noch Atmung ist. Doch, doch, das geht noch. Sogar Sprache entringt sich dem Rachen noch: »Die hammwa an die Wand genagelt! Die Leverkusener und die Erwin! Fuffzenn Kilo, abba heute war er fällich!«

Still verlasse ich das Haus und steige in das wartende Taxi. Man muss leidenschaftlich leiden können, als Anhänger dieses Sports. Und Scotty ist uns allen ein Vorbild.

Und ich war nicht dabei

> Die Leiber so verschwitzt und die Augen so verstrahlt
> Und kurz nachdem ich ging hat keiner mehr bezahlt
> Die tranken alles was nicht weglief
> Und ich war nicht dabei
> (Element of Crime)

Grottenschlechte Spiele, unnötige Niederlagen, nötige Niederlagen – das alles ist schlimm. Am schlimmsten ist immer das, was man verpasst. Eine Zeit lang bin ich nur sporadisch ins Stadion gegangen und habe dabei so viel verpasst, dass ich mir dann doch eine Dauerkarte zugelegt habe. Kaum hatte ich das Ding, ist mein Verein wieder abgestiegen. Also, habe ich mir gesagt, bleibe ich entweder dabei, bis sie in der Verbandsliga angekommen sind, oder bis ich auch mal wieder sagen kann: Ich bin dabei gewesen.

Und dann passieren so Sachen wie am 11. Februar 2007 beim Spiel gegen den 1. FC Nürnberg. Wir waren eher unglücklich in die Rückrunde gestartet und brauchen den Sieg gegen die Franken, um uns »Luft im Abstiegskampf« zu verschaffen. Die erste Halbzeit ist die in dieser Saison übliche verschnarchte Veranstaltung. Auch die Nürnberger reißen keine Grashalme aus.

In der Pause wird einmal mehr mangelnde Leidenschaft konstatiert. Die zweite Hälfte scheint die erste einfach nur fortsetzen zu wollen, doch dann folgen die zwanzig, fünfundzwanzig Minuten, welche die Niederlage, die unterm Strich herauskam, so bitter machen. In einer endlich leidenschaftlichen Kraftanstrengung bestürmt der VfL das Nürnberger Tor – und ich kriegte fast nichts mit. Zuerst sehe ich mich selbst gezwungen, das aufzusuchen, was im Bochumer Ruhrstadion unter dem Begriff »Herrentoilette« firmiert. Kaum habe ich wieder Platz genommen, meldet sich der fünfjährige Thronfolger, der sich nicht weniger als einen halben Liter Apfelschorle einverleibt hat, mit dem gleichen Bedürfnis, und allein will man den Jungen da einfach nicht hingehen lassen. Die »Ahs!« und »Ohs!«, die mittlerweile von der Begeisterung der übrigen Zuschauer zeugen, dringen durch die Mauern zu uns und machen uns ganz rappelig.

Bei der Rückkehr an unseren Platz stelle ich fest, dass ich beim Rausgehen vorhin offenbar mein fast volles, auf dem Boden abgestelltes Bier umgeworfen habe. Das Spiel ist, wie die meisten Spiele dieses Vereins, nüchtern nicht durchzustehen. Gleichzeitig habe ich heute schon von zwei oder drei Runden der um mich herum Sitzenden profitiert, und auch beim letzten Heimspiel habe ich kaum was bezahlt, also muss ich mich mal revanchieren. Auch auf den Sitzplätzen gibt es so etwas wie einen alkoholischen Ehrenkodex.

Das Servicepersonal an der Bierbude in Block B ist immer wieder bass erstaunt, wenn einige der 20 000 Zuschauer plötzlich vor ihnen stehen und Bier bestellen. So auch jetzt wieder: Zu dritt zapfen sie an fünf Pils herum, während die Blauen auf dem Rasen die Überraschungsmannschaft aus dem Süden offenbar in Grund und Boden spielen. Das Gestöhne auf den Rängen bekommt etwas Sexuelles.

Die Biere werden dankbar in Empfang genommen, und zwar mit den Worten: »Hass echt wat verpasst!«

Ich bin jetzt überzeugt, das wird so ein Polenspiel: In der 92. Minute wird Filip Trojan bis zur Grundlinie durchspurten, den Ball nach innen schlagen, auf dass Fanis Gekas ihn versenke.

»Papa, ich muss noch mal aufs Klo!« ist nicht das, was ich jetzt hören will.

Also noch mal nach unten gehastet, ausgepackt, gepieselt, eingepackt, zurückgerannt. Diesmal sind wir rechtzeitig zurück – für das Nürnberger Führungstor. Und das 0:2 kriegen wir auch noch mit. Und spätestens da wünsche ich mir, wir wären einfach auf dem Klo geblieben. Oder am Bierstand. Oder auf einer einsamen Insel.

Wenn ich etwas verpasse, dann nur Highlights. Solche unterirdischen Begegnungen wie die gegen den VfL Wolfsburg am 28.10.2006, in der beide Mannschaften wie blinde Regenwürmer über das Feld kriechen und die wir dann auch noch mit 0:1 verlieren, die kriege ich mit. Zwischen November 2006 und Oktober 2007 habe ich drei Heimspiele verpasst – und in diesen drei Spielen fielen nicht weniger als achtzehn Tore.

Beim Pokalspiel gegen den Karlsruher SC, unserem ersten Heim-Pokalspiel seit Jahren, habe ich selbst Mist gebaut. Monate zuvor hatte ich zwei Termine mitten in der Woche im Bochumer Prinz-Regent-Theater ausgemacht – mit einem Fußballprogramm! Ich dachte, da kann ja kein Bundesliga-Heimspiel sein. Das ist Quatsch. Gerade im Oktober gibt es englische Wochen! Und eben ein Pokalspiel! Scotty ist im Stadion, ich auf der Bühne. Im Zuschauerraum gerade mal achtzig Leute. Klar, wer sich für Fußball interessiert, ist jetzt im Stadion. Mit Scotty mache ich ab, dass er mir bei einem Tor des KSC eine SMS schicken soll, bei einem des VfL aber möge er bitte anrufen. Plötzlich, als ich gerade zwischen zwei Sätzen Luft hole, piept das Mobiltelefon in der Innentasche meines Jacketts zweimal kurz: Tor für den KSC. Es geht ein Seufzer der Enttäuschung durch den Saal. Schließlich aber der befreiende Anruf, mitten im Text: das dritte Tor für den VfL. Scotty schildert es am Telefon in Herbert-Zimmermann-Manier, ich wiederhole praktisch synchron. Das ist dann doch ganz lustig. Möchte ich so aber nicht noch mal haben.

Als der VfL gegen Frankfurt antritt, trete ich zusammen mit dem Berliner Kollegen Horst Evers in Allensbach am Bodensee auf. Die Anfrage für den Auftritt war im März gekommen, und ich hatte gepokert beziehungsweise gehofft, sollte da ein Heimspiel sein, würde das hoffentlich am Samstag oder Sonntag stattfinden. Ansonsten gehe ich ja allen Veranstaltern schon auf die Nerven, weil ich ausrichten lasse, dass ich Wochenendauftritte außerhalb eines Radius von 50 Kilometern erst festmachen kann, wenn der grobe Terminplan raus ist.

An diesem Abend passiert etwas, das sonst nie passiert: Meine Frau ruft in der Pause an! Ich denke schon, irgendwer hat sich zu Hause schwer verletzt, tatsächlich ist es aber so, dass sie quer durch den Bochumer Stadtpark das Geschrei der Fans aus dem Stadion gehört hat, und das bei Gegenwind! Daraufhin hat sie einen Blick in den Videotext geworfen: Das Spiel steht zur Pause 3:2 für uns! Wir haben nach fünf Minuten 0:2 hinten gelegen! Die Fans begannen, erste Stücke aus den Betonträgern zu brechen. Das alles nehme ich mit auf die Bühne und erwecke im zweiten Teil sehr deutlich den Eindruck, ich sei jetzt gern woanders. Das Spiel endet 4:3, rettet dem Trainer den Job und bringt mir sieben neue graue Haare an den Schläfen.

Fast ein Jahr später, am 29. September 2007, verpasse ich das Heimspiel gegen Nürnberg, weil ich mit der Familie zu Freunden nach New York fliege. Ist nur Nürnberg, sage ich mir, und dafür den Urlaub absagen ... Überflüssig zu erwähnen, dass wieder sechs Tore fallen: 3:3 geht das Ding aus.

Einmal aber bin ich hart geblieben: Im ersten Halbjahr des Jahres 2007 bestand die einzige Möglichkeit, noch in Mülheim aufzutreten, am 27. April. Nee, habe ich gesagt, da KANN das Heimspiel gegen Schalke sein. Und tatsächlich: da IST das Spiel gegen Schalke. Es war das Spiel des Jahres. Ich war dabei.

Nicht in meiner Stadt!

»Ich weiß nicht, aber Derbys machen mich immer ganz fickerig!«, stöhnt Scotty am frühen Abend des 27. April 2007 und zündet sich die nächste Zigarette an den Resten der vorigen an. Vor dem Hinrundenspiel auf Schalke hatte er neun Wochen lang keinen Alkohol getrunken, um sich dann während des Spiels gnadenlos abzuschießen (wir berichteten), und sechs Wochen vor dem heutigen Rückspiel hat er zum wiederholten Male versucht, sich das Rauchen abzugewöhnen. »Keine Chance, ey! Wenn ich nicht rauche, weiß ich nicht, was ich mit meinen Fingern machen soll, und dann fange ich am Ende noch an, an mir rumzuspielen.«

»Na ja«, sage ich, »wenn das Spiel spannend genug ist, kriegt es keiner mit.«

»Darauf würde ich nicht wetten.«

Auch ich bin mir nicht sicher. Vor dem Spiel gegen Dortmund, an einem strahlend sonnigen Frühlingstag, war ich schon kurz nach dem Aufwachen von einer militant guten Laune erfüllt. Heute habe ich, ohne ins Detail gehen zu wollen, einen Anflug von Verdauungsproblemen, kann mich aber nicht daran erinnern, irgendwas gegessen zu haben, mit dem ich die erklären kann. Im Gegenteil: Vor Derbys ernähre ich mich prinzipiell drei Tage lang besonders gesund, um kein Risiko einzugehen. Ich sorge für ausreichend Schlaf und vermeide unnötigen Stress, um den zu erwartenden Belastungen gewachsen zu sein. Bin ich jetzt so weit, dass allein die Erwartung eines wichtigen Spiels gegen Schalke meinen Magen-Darm-Trakt in Unordnung bringt?

Wir nähern uns dem Stadion, das entgegen anderslautenden Gerüchten noch immer Ruhrstadion heißt.

»Scheiße«, brummt Scotty plötzlich, »keine Kippen mehr. Hast du welche?«

»Nur Schokoladenzigaretten vom Nachwuchs.«

»Egal. Her damit!«

Ich kann Scotty gerade noch davon abhalten, sich tatsächlich eine der mit Papier umwickelten Schokoladenstangen anzuzünden.

Der Moment, wenn wir die Treppe erklimmen und unseren Block betreten, ist immer ein ganz besonderer. Der Rasen öffnet sich vor dir, die Geräuschkulisse schwillt an, du bist umgeben von Gleichgesinnten, grüßt in die Runde, fühlst dich zu Hause. Heute ist das anders. Es liegt echte Aggression in der Luft, nicht nur das übliche Gefühl gespannter Erwartung.

»Ey, guck dir das mal an!«, raunt Scotty mir zu und macht

eine Kopfbewegung Richtung Westkurve. Normalerweise verlieren sich in den Stehplatzsegmenten an den Seiten 2000 bis 3000 Gästefans, heute sind auch die Sitzplätze weiß vor Schalkern! Weiß? Ja, weiß, denn der russische Werksclub aus der Nachbarstadt hat seinen Fans mehr als 10 000 T-Shirts geschenkt, und zwar mit der Aufschrift: »Nordkurve in deiner Stadt«! Das klingt nach Besatzung.

Wie die Sprechchöre verdeutlichen, haben sich Anhänger von Ückendorf auch in der Südtribüne eingenistet. Im Vorfeld war zu hören, dass drei Bochumer Fanclubs Karten zu überhöhten Preisen an Anhänger des Gegners verhökert haben. Wie kann man so sehr Fan sein, dass man sich in einem Club organisiert, dann aber dafür sorgen, dass der Gegner in unserem Stadion in der Übermacht ist? Ich komme mir vor, als belagerten Fremde, die ich nicht eingeladen habe und die ich nicht loswerden kann, mein Wohnzimmer. Im eigenen Stadion in der Minderheit! Was kommt als Nächstes? Analverkehr als Pflichtfach bis zum Abitur?

Stimmlich werden wir heute ganz besonders gefordert. Zur Melodie von »Yellow Submarine« stimmt Scotty an: »Ihr seid nur die Russen-Mafia!«

Der Orthopäde hinter uns hat ca. ein Dutzend halbe Liter feinsten Bieres besorgt.

»Danke«, sagt Scotty, »aber wollt ihr nichts trinken?«

Wir stoßen an und kommen uns vor wie die Besatzung eines kleinen Fischkutters in einem schlimmen Sturm.

Auf dem Feld interviewt der Stadionsprecher das heutige Kindermaskottchen. Der Junge tippt 2 : 1 für die Mannschaft, die heute im eigenen Stadion ein Auswärtsspiel hat. Danach noch der gut gemeinte Appell: Rivalität ja – Randale nein danke. Ich bin ja ein großer Freund der Deeskalation, aber heute bin ich in Stimmung für Sprechchöre wie: »Hautse, hautse, immer auf die Schnauze!«. Wie dünn ist doch der Firnis der Zivilisation!

Die Mannschaften kommen aufs Feld. Wie um den Charakter eines Auswärtsspiels noch zu unterstreichen, spielt der VfL in Weiß – in seinen Auswärtstrikots.

Das Spiel geht los. Da ist Galle drin. Erste klare Chance für den VfL nach zwei Minuten.

Scotty beugt sich zu mir herüber. »Ich sach dir, wenn man die unter Druck setzt, die Meister der Herzen, dann haben die sofort 'n Köttel inner Buchse!«

Davon ist aber in den nächsten Minuten erst mal nix zu merken. Der Eindruck verflüchtigt sich völlig, als Königsblau plötzlich 1:0 führt und uns weitere zwanzig Minuten mehr oder weniger an die Wand spielt. Der Feind in meinem Stadion skandiert: »Auswärtssieg! Auswärtssieg! Auswärtssieg!«

Ich sehe Scotty an, der zwei Zigaretten gleichzeitig zwischen den Lippen hat und trotzdem versucht, Bier zu trinken. Mit dem Spiel hat er abgeschlossen. »Heute kriegen wir fünf Stück!«

Dann aber setzt sich auf der linken Seite Dennis Grote durch, flankt butterweich nach innen, Zwetschge hält die Murmel hin, und die Kugel fliegt unhaltbar ins lange Eck. Scotty testet meine Bandscheiben, indem er mich anspringt und seine Beine um meine Hüften legt. Trotz seiner 80 Kilo kommt er mir federleicht vor.

Zwölf Minuten später kommen wir über rechts, Maltritz gibt scharf nach innen, die Ückendorfer stehen da, als wollten sie sagen: Guck mal, ein Ball in unserm Strafraum! Wem mag der gehören?» Ein richtig guter Stürmer würde jetzt am zweiten Pfosten stehen und das Ding reinmachen. Am zweiten Pfosten steht ein Mann, den nicht mal ein 1987er Vokuhila hässlich machen kann, der göttliche Hellene, der im Sommer vom Olymp herabstieg, um eine Spielzeit unter uns Sterblichen zu wandeln, er hält den Fuß hin, und es gibt wieder Gutes vom Griechen, mit extra Zwiebeln, Zaziki und Ouzo obendrauf.

Was Scotty jetzt mit mir macht, streift den Tatbestand einer sexuellen Handlung. Auf Anfrage werde ich jedoch bestätigen, dass der Akt in gegenseitigem Einvernehmen zustande kam.

In der Halbzeit regiert wie üblich die große Schnauze: Mit denen is auch nix los, dat wird noch ein heißer Tanz, die haunwa getz 4:1 weg.

Die zweite Hälfte wird gelinde gesagt intensiv. Ständig springt irgendjemand auf, brüllt: »Ich! Halte! Das! Nicht! Aus!« und rennt los, um Bier zu holen. Normalerweise fühle ich mich dann stets unter dem moralischen Druck, ebenfalls mal eine Runde zu spendieren, aber heute kriegen mich keine zehn nackten Weiber von meinem Platz weg. Nicht mal übergroßer Harndrang bringt mich dazu, aufzustehen. Von diesem Spiel will ich keine Sekunde verpassen. In den letzten zehn Minuten habe ich zwar den Eindruck, meine Blase schwillt mir bis zum Kehlkopf, aber ich halte durch.

Die Knappen bemühen sich. Im Rahmen ihrer Möglichkeiten. Es verdichtet sich von der Hoffnung zur Erkenntnis, dass das heute nicht reichen wird. Schalke trifft noch mal den Pfosten.

»Hilflos!«, brüllt Scotty.

Die Bochumer Domspatzen in der Ostkurve tönen glockenhell: »Nie Deutscher Meister! Ihr werdet nie Deutscher Meister! Nie Deutscher Meiiiiiiister! Ihr werdet nie Deutscher Meister!«, und auch: »Auswärtssieg! Auswärtssieg!«

Kurz vor Schluss sind wir mit Aluminium dran, und plötzlich, man glaubt es kaum, ist es vorbei! Jetzt Ehrenrunden, Humba-Humba-Täterää, »Bochum« grölen.

Scotty gibt sich jetzt ganz kühl. »Ich würd mal sagen, der Sieg war nie in Gefahr. Nur um mindestens zwei Tore zu niedrig. Begeisternd aufspielende Heimmannschaft, hilfloser, unterklassiger Gegner. Wird allenfalls Westfalenmeister in der B-Jugend.«

Treffender kann man es nicht auf den Punkt bringen.

»Okay«, fügt Scotty dann hinzu, »du weißt, was jetzt kommt?«

Scotty meint, dass wir jetzt alle nach nebenan in den Tennisclub gehen. Wir alle wissen: Dieser Weg, er wir kein leichter sein. Denn es ist der Weg in die alkoholische Konfrontation.

Im Tennisclub stößt Olli zu uns, Redakteur bei einem großen deutschen Sportmagazin und so etwas wie ein Platin-VfL-Fan. Sein Bruder ist auch dabei. Beide hatten mal eine Stimme, aber die haben sie im Block »P links« gelassen.

Der Tennisclub ist rappelvoll. Sehr viele, mitunter sehr schöne Frauen, die durch den Schleier des leckeren lokalen Bieres noch schöner werden. Doch da ich es nicht anders verdient habe, ist es eine leicht abgetakelte Blondine Mitte fünfzig mit teigigen Gesichtszügen, die mich erst am Unterarm packt und mir dann eine Hand auf den Arsch legt, während ihr Mann nörgelt, der Trainer würde nicht zu uns passen, und ich frage mich, was für Arschlöcher nach einem solchen Spiel noch was zu motzen haben.

Olli gerät in eine zunächst nur verbale, dann aber beinahe handgreifliche Auseinandersetzung mit einem Anhänger der Gegenseite. Was mag den bewogen haben, nach einem solchen Spiel auf einer Party voller Bochumer aufzutauchen? Geheimnisvolles Gelsenkirchen.

Wir stehen auf der Terrasse, als unten gerade das unabsteigbare VfL-Idol Ata Lameck vorbeigeht. Ohne uns abzusprechen, fallen Olli, sein Bruder und ich in den Sprechchor: »Ata Lameck, Fußballgott!« Ata winkt, wir drängeln uns durch die Menge nach unten, um den Fußballgott zu berühren, den Saum seines Gewandes zu küssen, den Boden anzubeten, auf dem er geht – im Bochum-Walk, o-beinig, wackelnd, kraftvoll. Als wir unten ankommen, ist Ata aber schon wieder aufgefahren in den Bochumer Fußballhimmel, wo er sitzt zur Rechten von Jupp Tenhagen, Jupp Kaczor, Lothar Woelk und all den anderen.

»Wir sollten uns öfter besaufen«, sagt Olli. »Wenn ich blau bin, siehst du 20 Kilo leichter aus!«

»Okay, ich spendier noch 'ne Runde!«

Wieder oben, sehe ich Scotty ohne Zichte. »Habbich mir abgewöhnt! Vor Monaten schon!«

»Aber ich habe dich doch den ganzen Abend qualmen sehen!«

»Hasse dir eingebildet!«

Von den nächsten Stunden existieren in meiner Erinnerung nur noch sekundenkurze Schlaglichter: Ich in einem Auto mit zwei Frauen und einem Mann. Ich auf dem Sofa zu Hause, wie ich versuche, mir die erste Halbzeit noch mal anzusehen: »Kevin, alter Lutscher! Dein Bestes ist nicht gut genug!« Vor meinem inneren Auge sehe ich noch mal dieses bescheuerte Nordkurve-T-Shirt.

Dann liegt ein Mann, der sehr große Ähnlichkeit mit mir selbst hat, auf einer Treppe, die genauso aussieht wie die, die bei uns zu Hause in den ersten Stock führt. Schock: Das bin ich tatsächlich! Und ich sehe mich von hoch oben! Verlässt meine Seele gerade ihren Körper? Ich hatte immer gehofft, den Löffel während eines großartigen Sexualaktes abzugeben, aber nach einem solchen Spiel ist es fast noch besser.

Zwei Wochen nach der rauschenden Ballnacht gegen Recklinghausen-Süd bringt der VfL Bochum ebenfalls T-Shirts in Umlauf. In Erinnerung an diesen »Nordkurve in deiner Stadt«-Schwachsinn steht auf denen: »Nicht in meiner Stadt – 2:1, 27.04.2007!« Davon unterrichte ich Olli, und der meint: »Dat lass ich mir auf den Arsch tätowieren, und dann fahr ich durch Gelsenkirchen und halte ihn zum Fenster raus!«

Eins muss man dem Mann lassen: Seine Reaktionen sind stets angemessen.

Heimspiel in München

Man muss ja jedes Stadion mal gesehen haben, selbst wenn es aussieht wie ein umgekippter Autoreifen. Im April 2008 war die Versicherungs-Kampfbahn in München dran. Der Ausflug begann für mich mit einem zauberhaften VfL-Stammtisch, setzte sich fort mit einem deprimierenden Spiel und endete dann tatsächlich mit wässrigem Durchfall.

Am Samstag hatte ich die Freude, im »Vereinsheim« in Schwabing aufzutreten. Knapp 140 Leute drängelten sich in der engen Kneipe – 120 davon in Blau-Weiß. Ich bin ja nach sechzehn Jahren in dem Job schon einiges gewöhnt, aber mit Sprechchören begrüßt zu werden, das hat schon was. Auch fern der Heimat greifen zudem die lokalen Rivalitäten: In der Halbzeit lässt das Publikum es sich nicht nehmen, Schmähgesänge auf die Lüdenscheider Nachbarschaft anzustimmen. Heimspiel in München. Als ich sehr viel später in der Nacht in Richtung Unterkunft taumele, höre ich von ferne immer noch »Vau-eff-ehell!« durch die Nacht schallen. Die Schwabinger haben sich sicherheitshalber verkrochen. Mit Fußballleidenschaft haben sie es hier nicht so.

Dieser Eindruck setzt sich im Stadion am nächsten Tag nahtlos fort. Der erste Schock haut schon mal richtig rein: Es ist verboten, Getränke mit in den Block zu nehmen! Auf dem Rang drunter sitzen nämlich Bayern-Fans, und die haben in der Vergangenheit das eine oder andere Mal Bierduschen ertragen müssen. Die einfachste Lösung wäre doch, die VfL-Fans in diesem unteren Rang zu platzieren. Die würden noch den Kopf in den Nacken legen und sich mit offenem Mund für die Spende bedanken. Auch wenn dieses süßliche Zeug, das hier als Bier durchgeht, für einen westfälischen Pilstrinker schwer zu ertragen ist.

Worum es sich bei der heutigen Veranstaltung dreht, macht der Stadionsprecher kurz vor dem Spiel klar: »The show is about to begin!« In bemerkenswerter Ehrlichkeit geben sie also zu, dass es nicht um Fußball geht.

Nach vier Minuten führt der VfL mit 1 : 0. »Auswärtssiege sind schön!«, schmettern sie um mich herum. »Abpfeifen!«, fordert Scotty.

Im Laufe der ersten Halbzeit fleht der holländische Bayer

Mark van Bommel um die Rote Karte und kriegt sie auch. Frühe Führung und Überzahl – Gift für uns. Ein Lucio auf Koks faucht nach einer Ecke den Ball ins Tor. In der zweiten Halbzeit ein unberechtigter Handelfmeter gegen uns. »Nur so können sie uns schlagen!« Für Scotty ist das hier so eine Art Watergate-Verschwörung. Das dritte Bayern-Tor ist quasi nur noch Formsache.

Wer hat noch mal einen Spieler mehr auf dem Feld?

Die Stimmung bei den Roten pendelt sich auf dem Niveau einer Totenwache ein. Hinterm Tor auf der Südtribüne bemühen sich etwa hundert Anhänger des Trachtenvereins um Stimmung. Ansonsten sitzt man hier wie im Konzertsaal. Zwischendurch wird höflich applaudiert, bei den Toren hebt man schon mal in einer Simulation von Begeisterung die Arme, ansonsten war aber bei der Beerdigung von meinem Oppa mehr los – vor allem, als die Schnäpse ins Spiel kamen.

Anderes Problem: Wenn man schon die Leute dazu zwingt, draußen zu trinken, sollte man ihnen dort auch die Möglichkeit geben, sich über das Spiel zu informieren. Sogar Wacker Burghausen hat hinter der Haupttribüne Fernseher installiert, beim FC Bayern muss man sie sich im Einkaufszentrum im Zwischengeschoss der Arena selbst kaufen.

Nach dem Spiel genehmige ich mir noch etwas, das hier als »rote Bratwurst« durchgeht. Irgendwie schmeckt die komisch. Aber komisch ist hier ja so vieles. Zwei ungleiche Brüder vom Fanclub »Blau-weiße Brille« zerren mich noch in den Fanshop, wo man sich mit Meisterschale und DFB-Pokal fotografieren lassen kann. So ungefähr muss es im Mittelalter gewesen sein, wenn die Krone des Herrschers durch die Straßen getragen wurde, auf dass der Pöbel sich davor verneige. Wir legen einen VfL-Schal um den DFB-Pokal, und einer von den »Brillen« (nennen wir ihn aus Gründen, die hier nicht interessieren, »Hermann, der Cherusker«) reckt das Ding sogar in die Höhe, da aber steht auch gleich ein bewaffnetes Swat-Team neben uns und droht mit standrechtlicher Erschießung.

Anstatt noch mit in den Augustiner Keller zu gehen, verziehe ich mich ins Hotel, da es in mir zu rumoren beginnt. Während auf DSF die Zusammenfassung des Spiels läuft, kriege ich Schüttelfrost und in der Nacht Durchfall der überaus wässrigen Sorte. Danke, FC Bayern!

Üben mit Nürnberg

Ich trage sehr gerne Fußballtrikots, auch wenn die meisten mir zu klein sind – was selten an den Trikots liegt. Einen Sonderfall stellen die Leibchen unseres aktuellen Ausrüsters dar, derentwegen ich meinen Vorsatz, in jeder Saison, was die Stadioncouture angeht, auf dem neuesten Stand zu sein, außer Kraft setzen musste. Um Oberteile zu tragen, die auch in XXL den Nabelkrater freilassen, und sich damit auf der Tribüne sehen zu lassen, muss man wohl Untertan der britischen Krone sein.

Gehe ich mit meinen Jungs Fußball spielen, ist von vornherein klar, dass die beiden die Farben unseres angeborenen Lieblingsvereins tragen, also muss ich mir als gegnerische Mannschaft was einfallen lassen. Gern laufe ich dann im hellblau-weiß gestreiften Sporthemd der argentinischen Nationalmannschaft auf, auch wenn Ähnlichkeiten mit

Weltfußballern wie Riquelme bei mir weder phänotypisch noch von der Spielanlage her zu erkennen sind. Wenn das Gestreifte in der Wäsche ist, komme ich als Spieler der Équipe Tricolore daher. Zufällig vorbeikommende Passanten haben schon angehalten, weil sie dachten, kein Geringerer als der große Zizou halte sich auf der Wiese neben dem Milchhäuschen im Bochumer Stadtpark fit. Einen gewissen Blick für das Spiel halte ich mir durchaus zugute, wobei allerdings mein Aktionsradius noch unter dem des späten Günter Netzer liegen dürfte. Bei diesen Spielen kommt es übrigens immer wieder zu mehr oder weniger souveränen Siegen des VfL Bochum gegen die erwähnten internationalen Klassemannschaften. Die Kinder sollen lernen, dass auch Bochumer nach den Sternen greifen dürfen.

Es gibt nur ein einziges Trikot einer anderen Bundesliga-Mannschaft in meinem Schrank – und zwar ausgerechnet eines des 1. FC Nürnberg. Die Schwester meiner Frau wohnt nämlich in der Bratwurststadt, und ihre vier Kinder sind schon seit einiger Zeit für ihren Club entflammt – und so gehört es sich ja auch. Ebenso gehört es sich, dass man sich innerfamiliär immer auf die Schippe nimmt und zu missionieren versucht. Eine Zeit lang konnte ich punkten, indem ich die Neffen und Nichten damit aufzog, dass sie nicht nur den dämlichsten Stadionnamen der Republik hätten, sondern auch noch den albernsten Trikotsponsor. Das funktioniert leider nicht mehr.

Zu meinem Geburtstag im letzten Jahr schenkte mir die Sippe dann ein Club-Trikot, das aber noch die Werbung für ein Geldinstitut ziert. Komischerweise ist dieses Ding das meiner Trikots, das besonders gut sitzt und mich glatte 300 Gramm schlanker aussehen lässt.

Ich gestehe, in diesem Trikot saß ich inklusive Nachwuchs während des Pokalendspiels 2007 vor dem Fernseher und übte Familiensolidarität. Und am Ende haben wir uns auch ein bisschen als Pokalsieger gefühlt, vor allem, nachdem meine Schwägerin aus der Hauptstadt angerufen und gesagt hatte, sie und ihr Mann dächten darüber nach, ihrem Ältesten im Rausch des Sieges den ersten Bordellbesuch zu gestatten.

Und als die Meinigen als halbe Pokalsieger ins Bett gingen, hat der Thronfolger mir noch zugeflüstert: »Heute, Papa, haben wir schon mal für nächstes Jahr geübt!«

Damals gingen wir noch davon aus, dass der VfL Bochum aus Gründen des Gewohnheitsrechtes im Jahre 2008 das Endspiel um den DFB-Pokal erreichen würde – so wie 1968 und 1988. Aber daraus wurde dann leider nichts.

Wie wir mal wieder in der zweiten Runde Finale hatten

Wir hatten mal wieder geträumt. Was bleibt uns denn auch anderes? Mit der Zeit sind unsere Träume immer bescheuerter geworden. Diesmal dachten wir, wir würden nur deshalb ins Finale des DFB-Pokals einziehen, weil ein bestimmtes Jahr vor der Tür stand. 1968 hatte der VfL Bochum im Finale gegen den 1. FC Köln 1:4 verloren. 1988 höchst unglücklich durch ein Freistoßtor des Frankfurters Lajos Detari in der 81. Minute. Alle zwanzig Jahre also müssen wir das Finale erreichen. Der Bochumer Fußballkulturschaffende Ben Redelings hatte schon T-Shirts drucken lassen: *68 – 88 – 2008 – Dreimal ist Bochumer Recht*, hinten drauf die Aufstellungen der beiden bisherigen Finalmannschaften.

In der ersten Runde bezwangen wir mit viel Mühe Drittligist Dynamo Dresden. In der zweiten Runde wartete der Zweitligist Alemannia Aachen. Es gibt leichtere Lose in den ersten Runden, aber wer den Pott holen will, muss alle schlagen, auch wenn das mindestens 6 Euro ins Floskel-Ferkel bedeutet.

Die Ansetzung ist (schon vom Termin her) für mich ungünstig: Der 30. Oktober (Weltspartag) ist der Geburtstag meiner Omma, und den wollte ich eigentlich nicht verpassen. Andererseits hatte ich großspurig verkündet: Wenn die ins Finale kommen, mache ich ein Buch draus! Dafür sollte man dabei gewesen sein.

Da das Spiel schon um 19.00 Uhr beginnen soll, wir also zur schlimmsten Stau-Zeit losfahren müssen, wird der Tag eng geplant. Am Morgen habe ich am Schreibtisch zu sitzen, am Mittag meine Schwiegermutter nebst unseren Neffen, den Schiedsrichter (andere Geschichte), vom Bahnhof abzuholen, schnell was einzuwerfen, spätestens um halb zwei bei Omma auf der Matte zu stehen, wo Scotty mich und den Neffen um vier abholen soll. Zweieinhalb Stunden ist schon das Minimum, so viel sollte ich der Frau, von der ich auch auf der Bühne sage, sie sei mein größter humoristischer Einfluss, also mitverantwortlich für meine Karriere, schon widmen.

Gegen zwölf geht es los: Meine Schwiegermutter ruft aus dem Zug an und sagt, man werde sich massiv verspäten. Meine Frau fährt los, um die Kinder von der Schule und aus dem Kindergarten abzuholen – und kommt nicht zurück. Plötzlich steht mein älterer Sohn alleine vor der Tür und sagt, die Mama habe einen Unfall gehabt. Mein erster Gedanke ist natürlich nicht: Heißt das, ich kann nicht nach Aachen fahren, sondern: Hoffentlich ist ihr nichts passiert. Ich werde jedenfalls nie etwas anderes behaupten. Es stellt sich heraus, dass sie in einer Parallelstraße beim Ausparken ein Auto angefahren hat. Ich bin erleichtert. Nicht nur, weil ihr nichts passiert ist und der Fahrt nach Aachen nichts im Weg steht, sondern weil solche Sachen normalerweise nur mir passieren.

So kommen Auto Nr. 1 und 2 zu Schaden.

Ich hole Sohn 2 von der Unfallstelle ab, händige meiner Frau den Fahrzeugschein aus, den ich mit mir herumgetragen hatte und den jetzt die Polizei sehen will, setze zu Hause ein paar Nudeln auf und verköstige den Nachwuchs. Bis die Mitbewohnerin wieder da ist, ich also zu Omma kann, ist es viertel nach zwei. Kann man nix machen. Omma hat Verständnis.

Omma hat wieder für jeden einen ganzen Kuchen gebacken, »weil man ja nie wissen kann«. *Was* man nie wissen kann, verrät sie nicht. Es ist gemütlich, der Kaffee ist frisch, alle Kuchen prima. Pünktlich um vier steht Scotty vor der Tür und überreicht Geburtstagspralinen, worauf Omma wieder ins Gesicht geschrieben steht: Den hätte ich auch genommen! Aber wo war der 1943?

Der Nürnberger Neffe steckt in einem schönen, blau-weißen Trikot, das ihm viel besser steht als das schwarz-rote, mit dem er sonst Vorlieb nehmen muss. Im Auto wartet Scottys pubertierender Sohn, der schon einigermaßen angefressen ist, weil er nicht mit dem Fanzug fahren durfte. Auf dem Weg zum Wagen stellen wir fest, dass wir keinen Fotoapparat dabeihaben, dabei schreit ein Pokalsieg danach, dokumentiert zu werden. Wir fahren noch mal bei uns zu Hause vorbei, um meine Kamera zu holen – ein Fehler, wie sich bald herausstellen wird.

Scotty parkt den Familienvolvo auf dem Bürgersteig gegenüber unserem Haus, ich springe hinein, greife die Kamera und tänzle wieder hinaus. Jetzt geht's lo-hos! Ich schmiege mich in den Beifahrersitz, Scotty legt den Gang ein, lässt die Kupplung kommen, gibt sportlich Gas – und wir kriegen ein Geräusch zu hören, als wäre uns ein Baum aufs Dach gefallen.

Das mit dem Baum ist nicht ganz falsch. Allerdings ist keiner umgefallen, sondern abgesägt worden. Und zwar vor mehr als neun Monaten. Am 18. Januar hat der Jahrhundertsturm Kyrill in Bochum besonders schlimm gewütet. In unserer Straße haben zwölf Bäume quer überm Fahrdamm gelegen, und einer davon müsste knapp überm Stumpf abgesägt werden. Und gegen genau diesen Stumpf sind wir jetzt geknallt, da die Stadt Bochum es nicht für nötig befunden hat, dieses Ding entweder auszugraben oder zu sichern. Der Stumpf ist so kurz, dass man ihn vom Auto aus nicht sieht, außerdem mit Herbstlaub fast zugedeckt, dann aber doch wieder so hoch, dass man sich prima die vordere Schürze abreißen kann – wie eben bei uns geschehen. Außerdem läuft Scheibenwaschflüssigkeit aus.

So haben wir Auto Nr. 3 kaputt gekriegt.

Mit unserem kleinen Zweitwagen will ich nicht fahren, ist mir zu eng. Also bringen wir den zu Omma und steigen da in unser Familienmobil um. Der Laune von Scottys Sohn ist das nicht gerade zuträglich. Er beginnt zu mutmaßen, er wäre schon längst in Aachen, wenn er nur mit dem Fanzug hätte fahren dürfen.

Ich schlage den Weg zur nächstgelegenen Autobahnauffahrt ein und habe nur Minuten später mal wieder
Gelegenheit, die außerordentlichen Leistungen der Bochumer Straßenplaner zu würdigen. Zwei der wichtigsten
Ausfallstraßen, die Herner und die Dorstener, sind in den
letzten Jahren im Zuge umfassender Umbauarbeiten von
zwei auf eine Spur je Fahrtrichtung reduziert worden. Da
steckt wahrscheinlich irgendein ökologischer Reißbrett-
Drecksplan dahinter, von wegen Auto fahren unattraktiv
machen, damit die Leute mehr Bahn fahren. Und da die
Reduzierung der Spuren noch nicht reicht, haut man noch
alle zehn Meter eine Ampel hin. Manchmal wäre ich gerne
dabei, wenn die zuständigen Leute sich in ihren Büros ka-
puttlachen.

Dieses Vorgehen zeitigt folgende Resultate: Um die Herner Straße zu umgehen, nutzt der ortskundige Verkehr die
Bergstraße, nutzt also die Freiräume in den Wohngebieten.
Auf der Dorstener geht das nicht. Da steht man dann einfach. Es staut sich von der Autobahnauffahrt in Hamme
bis zum Imbuschplatz am Westring, schätzungsweise 3 bis
4 Kilometer. Warum soll man auch die Schadstoffe und
Abgase nur den direkten Anwohnern der A 40 zukommen
lassen? Feinstaub für alle heißt die Losung!

Bis zur Autobahnauffahrt brauchen wir schlappe 42
Minuten! Die Laune im Auto sinkt. Mit einem schlappen
1:0-Sieg kriegt die Mannschaft das nicht mehr hin.

Auf dem Rest der Strecke ist nicht gerade zügiges Fahren
angesagt. Berufsverkehr halt. In Aachen wollten wir bei der
Schwägerin eines Freundes auf dem Grundstück parken,
von wo es nur fünf Minuten Fußweg zum Stadion sein
sollen. Nun hatte eine Bekannte Scotty aber den Floh ins

Ohr gesetzt, auf der Krefelder Straße, also noch viel näher am Stadion, kriege man eigentlich immer einen Parkplatz. Als wir feststellen, dass das wohl nur auf Tage zutrifft, an denen kein Spiel ist, wollen wir uns vom Navi den Weg zu der Schwägerin zeigen lassen. Dummerweise hat die aber eine so dämliche Adresse, dass das Gerät nichts damit anfangen kann. Schließlich stellen wir die Karre einfach irgendwo ab und folgen den Menschen mit den Schals. Scottys Sohn läuft zwanzig Meter vorneweg, will nicht mit uns in Verbindung gebracht werden. Nach zehn Minuten sehen wir das Stadion, aber natürlich sind wir am falschen Ende und müssen einmal komplett herumlaufen. Scotty kann nicht so schnell, da er erst kürzlich am Knie operiert worden ist. Er ist lahm und ich bin nüchtern – das sind alles keine guten Vorzeichen.

Im Stadion muss ich erst mal aufs Klo, wenn die Benutzung auch frecherweise 30 Cent kostet. Dann greife ich drei Bier ab und muss mich von einem rustikal-freundlichen Ordner, von dem ich wissen will, wie ich zu Block A komme, besorgt fragen lassen, ob ich krank sei. Ich verneine. Er hakt nach, wieso ich mir dann alkoholfreies Bier besorgt hätte. Alkoholfreies Bier? Irgendwie ist das jetzt schon ein Scheißabend.

Unsere Plätze sind aber erste Sahne: Block A, erste Reihe. Ich dachte immer, in *unserem* Stadion sitze man nah am Geschehen, hier aber kann ich die Jungs beim Einwurf umarmen, ohne aufzustehen.

Allerdings besteht kein Grund, irgendjemanden aus unserer Mannschaft zu umarmen. Zwar gehen wir 1:0 in Führung, allerdings nur durch ein Eigentor. Dann bettelt unser defensiver Mittelfeld-Mann Christoph Dabrowski um einen Platzverweis, indem er innerhalb von drei Minuten zweimal einen Gegenspieler von hinten umsenst. Der Schiedsrichter will nicht so sein und gibt Dabros Drängen nach. Mein Neffe, der Schiedsrichter (andere Geschichte, wie gesagt), bestätigt mir, was ich schon längst weiß: Der Platzverweis ist korrekt.

Man hört ja oft von Mannschaften, die nach einem Platzverweis über sich hinauswachsen und das Spiel irgendwie nach Hause schaukeln. Unsere gehört nicht dazu. Die Aachener spielen jetzt, wie wir das tun müssten, und führen bald 3 : 1. Ich bin jetzt nicht mehr nüchtern, aber das hilft auch nichts. Dann wird unsere Geheimwaffe eingewechselt: Pavel Drsek, genannt »Dr. Sek«, was sich ein bisschen anhört wie der Schurke aus einem Bondfilm, nur hat kaum jemand Angst vor ihm. Der erzielt dann tatsächlich den Anschlusstreffer. Aber wie sagte schon Konfuzius: Too little, too late.

Auf dem Rückweg zum Auto kaufe ich einer freundlichen Asiatin am Wegesrand noch Flaschenbier ab. Scottys Sohn ist immer noch nicht besser drauf, schließlich haben wir nur verloren, weil die Fahrt hierher so beschissen gelaufen ist. Und daran ist sein Vater schuld. Genauso wie an der Erderwärmung, der Arbeitslosigkeit und dem Hunger in Afrika. Ich kann es kaum erwarten, dass *meine* Jungs in dieses Alter kommen.

Scotty ist nüchtern und klemmt sich hinters Steuer. Wir wollen schnell nach Hause. Etwas zu schnell. Auf der A 44, kurz vor dem Düsseldorfer Flughafen, wird ein schönes Foto von uns gemacht.

Bei uns zu Hause angekommen, übergebe ich Scotty unseren Zweitwagen, da meine Frau am nächsten Morgen den großen braucht, um diverse eigene, aber auch fremde Kinder in ihren Erziehungseinrichtungen abzusetzen.

Müde, durchgefroren und frustriert sehe ich mir mit dem Neffen noch die Zusammenfassung an, gehe dann ins Bett und falle in einen koma-ähnlichen Schlaf.

Der nächste Tag beginnt wenig verheißungsvoll. Zerschlagen und leicht angekatert schlurfe ich im Bademantel die Treppe hinunter zum Frühstückstisch und frage meine Frau, ob sie »es« unserem Sohn, der schon in der Schule ist, bereits beigebracht hat. Daraufhin versucht meine Schwiegermutter etwas, das sie besser den Profis überlassen sollte: einen Witz. »Was soll sie ihm denn beibringen?«, flötet sie in diesem heute früh besonders krank klingenden fränkischen Zungenschlag, »dass der VfL 3:2 gewonnen hat?« Ich bleibe wie festgenagelt stehen und kriege ohne Mühe einen Blick zustande, der zartere Gemüter dazu bringen würde, sich von einer Brücke zu stürzen. Außerdem muss ich an eine andere unmögliche Äußerung denken: 1988 haben wir das Finale im Wohnzimmer von Scottys Eltern gesehen, die im Nebenzimmer mit Bekannten hockten. Als das Spiel vorüber war, gingen die an uns vorbei und einer sagte: »Wenn der VfL doch noch gewinnt, könnt ihr uns ja beim Italiener anrufen!« Es sind diese Momente, die mir klarmachen, dass ich kein konsequenter Pazifist bin.

Irgendwie kriege ich es hin, keine Gewalt anzuwenden, murmele nur, jetzt müsse ich mich auch noch in meinem eigenen Haus verarschen lassen, und schleiche zur Kaffeemaschine, während Schwiegermutter mir lachend hinterherruft, also sie würde da gar nicht mehr hingehen, wo das doch so eine schlechte Laune mache! Sekundenlang wiege ich ein großes, scharfes Fleischermesser in meiner Hand.

Gegen zehn sehe ich vom oberen Fenster aus Scotty und den ADAC auf der gegenüberliegenden Straßenseite. Und ich sehe unseren Zweitwagen. Da sind Klebestreifen an der Scheibe auf der Fahrerseite. Böses ahnend gehe ich nach draußen und lasse es mir erklären: Als Scotty heute früh losfahren wollte, kurbelte er das Fenster herunter, um den Außenspiegel zu säubern, es machte »Klack«, und nur Scottys Reaktionsvermögen sei es zu verdanken, dass die Scheibe nicht komplett in die Tür gerutscht ist. Kommentar seines Sohnes: »Du kriegst auch alles kaputt!« Genau das hat meine Mutter früher immer zu mir gesagt. Die Kinder sind heute einfach reifer.

So wurde jedenfalls das 4. Auto lädiert.

Vier Autos beschädigt, Pokalspiel verloren, Knöllchen kassiert und von der Schwiegermutter verlacht, alles in knapp zweiundzwanzig Stunden.

Träumt weiter!

Dombrowski macht sich warm

Dombrowski wäre beinahe berühmt geworden. Jetzt saß er im ehemaligen »Haus Rabe« und regte sich über das spanische Essen auf.

Er zeigte auf eine kleine Schale, die die Kellnerin gerade an uns vorbeitrug. »Watt ist datt denn da?«

»Pflaumen im Speckmantel«, sagte ich. »Solltest du mal probieren!«

»Pflaumen im Speckmantel! Weisse, manchmal denk ich, ihr seid alle bescheuert geworden, auffe Uni. Weiß du, wat aus den alten Jebollek geworden is?«

Jebollek hatte kurz nach dem Krieg die Kneipe vom alten Rabe übernommen und sie bis vor ein paar Jahren in seiner diskreten, aber unnachgiebigen Art geführt. Anschreiben war nicht. Dafür konnte man über Gott und die Welt herziehen, ohne dass Gott und die Welt davon erfuhren. Vor zwei Jahren war er gestorben. Das sagte ich Dombrowski.

»Na ja, da war au nix mehr mit los. Zwei künstliche Hüften, und datt bei somm alten Mann, datt lohnt sich donnich mehr.«

Aus dem »Haus Rabe« war das »Mas tapas« geworden, und ich kam ganz gerne hierher, vor allem wegen der Abóndigas, den Hackfleischbällchen. Heute war ich hier mit meiner Frau, um mal wieder einen unserer seltenen Abende ohne Kinder zu verbringen. Ich hatte gerade zum zweiten Mal mein Wasserglas mit Rosé aufgefüllt, da stand plötzlich Dombrowski neben unserem Tisch und fragte: »Watt säufs du denn da? Friseusenwein?«

Ich kannte Dombrowski als langjährigen Freund meines Großvaters väterlicherseits. Er schlug mir auf die Schulter und sagte, er wolle sich ansehen, was aus dem Laden geworden sei. Dann stand er ein paar Sekunden herum und meinte schließlich: »Hömma, wenne naher man paa Minuten Zeit hass, komm do ma an'n Tresen, ich muss dir watt erzählen, datt glaubsse nich.«

Ich wartete bis nach dem Essen und sah von Weitem, wie Dombrowski ein Pils nach dem anderen in sich hinein schüttete, aber das wunderte mich nicht. Hier seine Geschichte, wie er sie mir erzählt hat:

Dombrowski wäre beinahe Deutscher Meister geworden. Er war mal einer dieser alten Püttfußballer, den halben Tag unter der Erde, und wenn er oben war, fand man ihn entweder in der Kneipe oder auf dem Fußballplatz. In der Saison '47/'48 hatte er bei den Sportfreunden Katernberg gespielt, als die in der neuen Oberliga West den zweiten Platz machten. Ein Jahr später wurden sie dann Letzter und stiegen ab. '54, nachdem man in Bern wieder wer geworden war, wechselte Dombrowski zu Rot-Weiß Essen und trainierte mit Boss Rahn unter Trainer Fritz Szepan.

In der Saison '54/'55 spielten die Essener in der Oberliga West alles an die Wand und zogen nach Spielen gegen Kickers Offenbach, Wormatia Worms und Bremerhaven 93 ins Endspiel um die Deutsche Fußballmeisterschaft ein. 80 000 Zuschauer im Niedersachsenstadion in Hannover. Und Dombrowski mittendrin, jedenfalls fast. Obwohl er im Training alles gab, saß er nur auf der Bank, da die Rot-Weißen mit Franz Islacker, genannt »Penny«, Johannes Röhring auf Halblinks und Boss Rahn auf Rechts, dazu noch Bernie Termath als schneller Linksaußen (den bulligen August Gottschalck nicht zu vergessen), ziemlich gut bestückt waren. Und Dombrowski konnte nur offensiv, als Abwehrspieler war er nicht zu gebrauchen. »Tore *schießen*!«, hatte er mir mal gesagt, als ich noch klein war, »Tore *schießen* heißt datt Spiel! Nich Tore verhindern! Datt muss auch sein, aber datt machen die andern, datt is nix für dem Hans Dombrowski!«

Gegner im 55er-Endspiel waren die Roten Teufel aus Kaiserslautern, die als Favorit ins Match gingen und schon nach elf Minuten durch Wenzel 1:0 vorne lagen. In der 19. Minute konnte Penny Islacker ausgleichen, keine zehn Minuten später erzielte Röhring das 2:1, und noch vor der Pause legte Islacker noch eins drauf. Nach der Pause kamen die Lauterer durch Tore von Wenzel und Baßler zum Ausgleich, das Match entwickelte sich zu einem dramatischen Schlagabtausch. Penny Islacker war schon fast am Ende und außerdem angeschlagen, das konnte nicht mehr lange gut gehen, also zeigte Szepan in der 80. Minute auf Dombrowski und sagte: »Mach dich warm!«

Das war der Moment, auf den Dombrowski gewartet hatte. Zwanzig Jahre danach hatte er mir, dem Neunjährigen, erzählt, dass er sich sicher war, er würde das entscheidende Tor machen: »Ich hatte datt im Urin! Ich seh heute noch die Pocke in den Strafraum fliegen, vom Boss persönlich reingegeben, der August Gottschalck kommt n Schritt zu spät, weil der abba auch immer bisschen watt auffe Rippen hatte, und hinten am zweiten Pfosten wartet Dombrowski, hält den Schlappen hin und macht datt Dingen rein. Ich hab schon gesehen, wie se mich durch datt Stadion tragen!«

Das Spiel wurde im Radio übertragen, und in der 82. Minute ging es über den Äther: »Szepan will noch mal auswechseln. Dombrowski macht sich warm.« Das waren Dombrowskis fünf Sekunden Ruhm.

In der 84. hob Fritz Walter den Ball in den Essener Sechzehner, und gleich drei Lauterer schoben den Ball über die Linie, aber der Schiedsrichter hatte aufgepasst und pfiff Abseits. Dombrowski war sich sicher, dass er jeden Moment ins Spiel kommen würde, der Penny pfiff schon aus dem letzten Loch. Es waren nur noch ein paar Minuten, doch die würden ihm reichen. Er zog sich die Trainingsjacke aus und machte sich bereit. Aber da umspielte Bernie Termath die gesamte Lauterer Abwehr und gab nach innen, wo der fast völlig entkräftete Penny Islacker den Kopf hinhielt und den Ball reinmachte. Ohrenbetäubender Jubel der Essener Fans. Und Szepan legte Dombrowski eine Hand auf die Schulter und sagte: »Lass gut sein, Hans, den Penny kann ich jetzt nicht rausnehmen, setz dich wieder hin.«

Dombrowski spielte noch ein paar Jahre in unterklassigen Vorort-Mannschaften, bis er das mit dem Saufen nicht mehr im Griff hatte. Zwei Jahre saß er im Knast, weil er eine Trinkhalle überfallen hatte, und schob schließlich Dienst als Nachtwächter und Pförtner, mal hier, mal da, immer schnell gekündigt wegen der Sauferei.

Und jetzt hockte er hier und starrte das Weißbrot und die Aioli in drei verschiedenen Farben an und wollte mir was erzählen.

»Du weiß ja«, sagte er und fuhr mit dem Finger über den Rand seiner Pils-Tulpe, »die Bundesliga, datt war mein Ende. Da ginget nur noch um Geld. Datt war nix mehr für mich. Samma, is dir nich aufgefallen, datt ich den ganzen Abend hier gesoffen hab wie ein Loch?«

»War nicht zu übersehen.«

»Und ich hab zu Hause schon vorgeglüht und war noch beim Erwin, und da ham wir fast ne Pulle Weizenjunge plattgemacht. Wieso erzähl ich dir datt?«

»Keine Ahnung.«

»Ich werd nich mehr besoffen, Junge! Is mir vor n paar Monaten aufgefallen. Ich kann saufen, watt ich will, ich spür einfach nix mehr. Kumma hier, die Hand: Is ganz ruhich! Ich könnte Auto fahn, wenn ich den Lappen noch hätte! Ich krich noch nich ma mehr ne Fahne!«

Er hauchte mich schneller an, als ich zurückweichen konnte. Ich roch – nichts. Sein Atem roch weder nach Alkohol noch nach Pfefferminz oder altem Essen.

Dombrowski schüttelte den Kopf. »Kerl, datt ganze Leben nix auffe Kette gekricht, und getz au no datt!«

Er bestellte mir ein Pils und wir stießen an. Dann setzte ich mich wieder zu meiner Frau und erzählte ihr die Geschichte. Tragisch, meinte sie. Na ja, antwortete ich, es gebe da einen Haken.

»Und welchen?«

»1955 gab es noch gar keine Auswechslungen. Die sind erst Ende der Sechziger eingeführt worden.«

Als wir gingen, saß Dombrowski immer noch am Tresen und lief sich warm.

Blog 2: EM 2008

V

Samstag, 07.06.08
Vormittags noch Mini-Kicker-Turnier bei Arminia Bochum.

In einer Spielpause stehe ich mit Christopher zusammen, dessen Sohn bei Teutonia Ehrenfeld im Tor spielt. Ganz aufgeregt kommt sein Sohn angelaufen und ruft mit existenzieller Dringlichkeit in der Stimme, er wolle jetzt unbedingt seine Hose gegen Fußballbilder tauschen, und zwar mit einem Jungen aus seiner Mannschaft. »Ist nicht dein Ernst!«, entfährt es mir. Der Junge sieht mich an und sagt: »Die habe ich ALLE noch nicht!« – »Wie viele sind das denn?« – »Bestimmt zehn Stück!« – »Du willst deine Hose eintauschen gegen zehn Fußballbilder?« – »Die habe ich ALLE noch nicht!« Christopher denkt nach. »Frag deine Mutter!«

Der Thronfolger erzielt übrigens bei diesem Turnier sein erstes offizielles Tor. Die EM kann kommen.

Das Eröffnungsspiel sehen wir dann am Abend in der Garage von Alex M. Der hat hier sein für alle offenes EM-Studio aufgebaut: Beamer, Leinwand, Boxen, ein großer, biergefüllter Kühlschrank mit Glastür und an der Wand ein großes Turnier-Schema. Auf dem Boden hat er Kunstrasen verlegt!

Das Spiel heißt Schweiz gegen Tschechien und geht so dahin. Völlig unverdient gewinnt Tschechien.

Abends schlägt Portugal eindrucksvoll die Türkei.

Sonntag, 08.06.08

»Eines von den dreißig Bierchen gestern war wohl schlecht«, sangen einst die Gebrüder Blattschuss, und genau so geht es mir heute früh auch. Ich fühle mich wie ein alter Aufkleber an einem rostigen Laternenpfahl.

Während des Österreich-Spiels umklammere ich einen Eimer, brauche ihn dann aber doch nicht.

Die knappe Stunde zwischen den Spielen verschlafe ich wieder. Dann trägt meine Frau Zwieback und Magen-Darm-Beruhigungstee herbei. Sie macht gerade eine in der Geschichte der Menschheit altbekannte Metamorphose durch: von einer in Fußballdingen extrem weit Außenstehenden hin zur Fußballmutter. Deshalb greift sie auch nach meiner Hand und juchzt kurz auf, als Lukas Podolski seine beiden Tore schießt. Trotz meines derangierten Zustandes entbehrt der Abend nicht einer gewissen Romantik: Mann und Frau vereint im Fußball.

Montag, 09.06.08

Kurz vor achtzehn Uhr versammelt sich der männliche Teil der Familie vor der Glotze, um den Kracher Frankreich – Rumänien zu verfolgen. Schon nach zehn Minuten mault der Jüngere: »Das geht sowieso null zu null aus!« Sein Bruder schlägt sich mit der flachen Hand vor den Kopf und meckert: »Mensch, du Dummi, da spielt Frankreich!«

Das Spiel ist allerdings so sterbenslangweilig, dass die Kinder anfangen, herumzuhampeln. Sie lassen die Köpfe über die Sitzfläche nach unten hängen, strecken die Beine in die Luft und puhlen sich gegenseitig in den Ohren herum. Der stimmungsmäßige Höhepunkt ist erreicht, als der Thronfolger zu seinem Bruder sagt: »Komm, kleiner Bruder, riech mal an meinen Füßen!«

Das Spiel endet wie vom Zweitgeborenen befohlen.

Dienstag 10.06.08
Der Zweitgeborene wird heute fünf Jahre alt. Am Nachmittag fallen hier sechs Jungs ein, die nur an das Eine denken: Fußball! Vattern begrüßt den wuselnden Haufen mit den Worten: »Wer will Kaffee, wer will Bier?« Alle recken die Hände in die Höhe und schreien: »Bier!« Sekunden später schäumt die zum Verwechseln ähnliche Apfelschorle in den Bechern.

Das kleine Volk belädt sich mit Ommas Marmorkuchen und Mutterns Muffins, dann geht's rüber in den Stadtpark, zum Pöhlen. Mit Trillerpfeife und Körpereinsatz sperre ich die Straße wie für eine Krötenwanderung.

Nach zwei Stunden sind alle komplett abgekämpft und hundemüde – was die abholenden Eltern mit tiefer Dankbarkeit erfüllt.

Dann Spanien – Russland. Die Spanier verzaubern. Den Zweitgeborenen jedenfalls, der, noch in aufgekratzter Geburtstagsstimmung, besonders großzügig ist: »Papa, die spielen ja fast so gut wie du!« – »Das stimmt«, antworte ich, »und fast genauso schnell.«

Am Abend Schweden – Griechenland. Das Spiel ist etwa so interessant wie die Autobahnausfahrt Bochum Hamme.

Mittwoch, 11.06.08

Um achtzehn Uhr Tschechien – Portugal. Portugal macht Spaß. Christiano Ronaldo wird sogar dabei beobachtet, wie er auf einen besser postierten Mitspieler passt.

Während der Halbzeit installiere ich endlich das Programm, mit dem ich per DVB-T-Antenne auf meinem Laptop fernsehen kann. Das werde ich heute Abend noch brauchen.

Nach dem Spiel mache ich mich auf den Weg nach Bonn, wo es mal wieder gilt, ein paar Dollars zu machen. Alex M. (der mit dem Kunstrasen in der Garage) arbeitet für ein großes deutsches Mineralölunternehmen, das heute Abend einige verdiente Tankstellenpächter im Haus der Geschichte in Bonn bewirtet, und ich bin die komische Nummer nach dem Hauptgang.

Natürlich verpasse ich die erste Halbzeit des Spiels Schweiz – Türkei. Da der Westdeutsche Rundfunk auf UKW für meinen Geschmack zu wenig über das Spiel bringt, wechsele ich auf Mittelwelle, wo »WDR Event« sendet. Hier hat Radiohören noch etwas konsequent Archaisches. Nur mühsam setzen sich Musik und Sprache gegen die aggressiven Störgeräusche und ein trommelfellzersetzendes, hochfrequentes Fiepen durch. Und unter jeder Brücke schwillt die Kakophonie noch mal an. So ungefähr muss mein Uroppa im Krieg BBC gehört haben.

Im Bonner Haus der Geschichte wird mir ein Seminarraum als Garderobe zugewiesen – und hier kommt der Laptop mit der DVB-T-Antenne ins Spiel. Ich will mir bis zum Auftritt noch die zweite Halbzeit geben. Ich stelle fest, dass Bonn zwar prinzipiell DVB-T-fähig ist, nicht aber der Stadtteil, in dem ich mich befinde. Es hat ja schon was, wenn man diese kleine, schwarze Antenne auf Armeslänge aus dem Fenster hält und die Servicekräfte, die unten im Hof eine Entspannungszichte dampfen, belustigt nach oben schauen und nach einem Sprungtuch rufen. Empfang bringt das aber nicht.

Donnerstag 12.06.08

Heute Public Viewing in der Messehalle 6 in Essen. Da dies das einzige Deutschland-Spiel ist, das um achtzehn Uhr beginnt, machen wir daraus einen Familienausflug.

Schon um kurz nach vier fahren wir los. Na ja, was heißt fahren! Am Ruhrstadion gelangen wir auf die A40, aber dann ist erst mal Schluss. Es geht so was von überhaupt gar nicht weiter, und wenn, dann nur im Schritttempo, dass das ganze Unternehmen kurz vor der Absage steht.

Der Doyen der Bochumer Fußballkultur, Ben Redelings, steht mit seiner Frau im gleichen Stau, nur weiter vorne. Über Mobiletelefon verhandeln wir die Situation. Ich bin streng für Durchhalten. Wer im Ruhrgebiet lebt und eine Fahrzeit von einer Stunde für achtzehn Kilometer nicht ertragen kann, der soll ins Allgäu ziehen!

Tatsächlich treffen wir erst um viertel nach fünf an der Messe ein. Vor der Grugahalle wartet das Ehepaar Redelings.

Wir dürfen den Eingang für Gäste und Presse benutzen, wo uns der Veranstalter Thomas Siepmann abpasst und an der Schlange vorbei geleitet. Ich kriege so ein Paris-Hilton-Gefühl.

Die »EM-Arena« in Halle 6 übertrifft, ehrlich gesagt, meine Erwartungen. 110 qm große Leinwand, Biertische – und ein ViP-Bereich, der es in sich hat. Hier stehen alte Sofas der Marke »Gelsenkirchener Barock« sowie dazu passende Couchtische und Stehlampen. Sensationelles Ambiente! Freie Sicht auf die Leinwand, Bier satt, Currywurstpommesmayo und Snackplatten mit Hackfleischbällchen, Käsewürfeln, Knabberzeug. Das Paris-Hilton-Gefühl verliert sich aufs Angenehmste. Die Kinder ziehen sich die Schuhe aus und toben über die nachgemachten Perserteppiche. Das hier ist die größte Schnittmenge aus Stadiongefühl und Wohnzimmeratmosphäre, die überhaupt möglich ist.

Das Weltklasse-Ambiente hätte ein besseres Spiel verdient als das, was wir zu sehen kriegen. Der Kick geht 1:2 den Bach runter.

Das zweite Spiel verfolgen wir mit den Redelingsens als Ehepaarabend bei uns zu Hause. Alles ist sehr harmonisch, Österreich erzielt noch den Ausgleich in der Nachspielzeit. »So«, sagt Ben R. danach. »Jetzt lass uns gehen, bevor einer Partnertausch vorschlägt.« Irgendwie findet meine Frau den Spruch nur halb charmant, aber das ist mir lieber, als wenn sie »Au ja!« gerufen hätte. Was jetzt nicht heißen soll, dass Frau Redelings ...

Montag, 16.06.08

Schicksalsspiel gegen Österreich! Allein diese drei Worte sind an Absurdität nicht zu überbieten. Und wenn ich noch einmal »Cordoba« höre, zerlege ich ein argentinisches Steakhaus.

Um halb acht stehen Babs und Bärbel vor der Tür, zwei VfL-Block-B-Fanatikerinnen, die aufs charmanteste das Klischee widerlegen, Fußball sei Männersache.

In Dortmund Bodelschwingh gibt es tatsächlich eine Schlossanlage, und die ist wirklich bewohnt! Im Schlossgraben schwimmen Seerosen! Auf der Rasenfläche in der Mitte der Anlage ein Kinderspielplatz! Traumhaft! Sind wir noch in Dortmund oder schon irgendwo an der Rhone? Hier wohnt Corinna, die uns für heute eingeladen hat.

Scotty ist schon da. In seinem Retro-Trikot von '54 hockt er in seinem schwarz-rot-goldenen Klappstuhl. An der rechten Lehne ein Bierflaschenhalter aus Plastik.

Als Mario Gomez in der fünften Minute aus drei Metern den Ball nicht ins leere Tor kriegt, erinnert mich das an eine ähnliche Szene aus den Achtzigern mit dem Bochumer Spieler Walter Oswald in der Gomez-Rolle.

Je schlechter das Spiel, desto ausufernder der Chips-Konsum. Eine Riesenschale »Oriental« verschwindet in Scotty und mir. Bei einem der wenigen gelungenen Kopfbälle von Miro Klose meint der Bootsmann: »Kuck ma! Der STEHT praktisch in der Luft!« – »Ja, aber das ist auch eine Super-Zeitlupe!«

Da sich alle einig sind, dass es nun von den Portugiesen richtig Prügel gibt, nehme ich rein aus Prinzip die Gegenhaltung ein und prophezeie die Rückkehr des 2006-Hurra-Fußballs. Als ich mich dazu versteige, dass Mario Gomez auch noch Torschützenkönig wird, geleitet man mich mit sanftem Druck am Ellenbogen nach draußen.

Donnerstag 19.06.08

Warum ist so wenig Zuversicht im Menschen? Jedenfalls im deutschen? Um mich herum sind Donnerstagnachmittag fast alle der Überzeugung, dass Deutschland gegen Portugal rausfliegt. Ich nehme aus Prinzip eine gegenläufige Haltung ein, damit ich hinterher brüllen kann: »Ich hab es ja gleich gesagt! Defätistenpack!«

Heute sind wir beim Bootsmann in Witten eingeladen, der auf seiner überdachten Terrasse für uns grillen will. Ich überlege, mal ausnahmsweise selbst mit dem Wagen zu fahren. Ein, zwei Bierchen, dann Wasser oder Schorle. Ist doch viel gesünder! Irgendwer lacht mich aus. Oh, ich bin es selbst!

Corinna holt mich ab. Gegen halb acht kommen wir beim Bootsmann an, der schon die Würstchen auf dem Grill wendet. Die anderen sind bereits da, Scotty mit kompletter Familie. Die Tochter des Bootsmanns malt mir mit Wasserfarben Schwarz-Rot-Gold auf die Wange.

Das Spiel sehen wir in zwei Gruppen. Die Frischluftfanatiker verharren auf der Terrasse vor dem kleinen Fernseher mit DVB-T (schon wieder!). Wir anderen verziehen uns ins Wohnzimmer (Sat-Antenne), wo ich mich in einem sehr bequemen Ledersessel niederlasse.

Bei den Hymnen stellen wir fest, dass die beiden Fernseher nicht synchron empfangen. Drei bis vier Sekunden sind wir denen draußen voraus. Das heißt, wir jubeln schon über Scheinsteigers Einsnull, während auf der Terrasse noch der Flankenlauf von Podolski bewundert wird. Im Laufe des Spiels wird das richtig lustig, vor allem, wenn wir eine zu flach hereinfliegende Ecke wie ein Tor beschreien, was die Terrassenfraktion irgendwann schier in den Wahnsinn treibt.

Das Jubeln fällt mir übrigens nicht ganz so leicht, weil ich kaum aus diesem unfassbar bequemen Sessel herauskomme.

Bevor Gräfin Bodelschwingh mich freundlicherweise nach Hause fährt, brülle ich noch in die Runde: »Ich habe es doch gleich gesagt! Defätistenpack!«

Samstag, 21.06.08

Ich habe ja in meinen sechzehn Jahren als Komiker schon viel gemacht und getan, aber vor vierhundert Menschen auftreten und gleichzeitig Fußball gucken – das war selbst für mich neu. Am Abend darf ich im Rahmen der »Nacht der Industriekultur« in Hattingen ran.

Um achtzehn Uhr sitze ich mit Jürgen von der Lippe im Kölner Filmhaus als Gast seiner Sendung »Was liest du?«.

Von der Lippe ist ein überaus belesener Mann, der irgendwo in Köln eine Wohnung haben soll, die er nicht mehr betreten kann, weil sie voller Bücher ist. Als Gast für die Sendung war ich, nach seiner glaubhaft dem Publikum im »Warm-up« vorgetragenen Aussage, deshalb in Frage gekommen, da ich zwar deutlich größer, vor allem aber sehr viel schwerer (vulgo: dicker) sei als er selbst. Außerdem habe ich weniger Haare. Ältere Männer treten gern mit mir auf.

Kurz vor acht erst komme ich aus Köln weg, treffe knapp eine Stunde später in Hattingen ein und muss um neun mit meinem ersten Programmblock anfangen. Eine »Bühne« im eigentlichen Sinne gibt es nicht. In der Nähe des vollbesetzten Tresens steht ein Mikrofon, daneben ein Tisch. Auf diesem baue ich mein Macbook samt DVB-T-Antenne auf – und diesmal haut es hin. Wenn nicht gerade die Bedienung vorbeiläuft, ist der Empfang einwandfrei.

Ich eröffne meine Darbietung mit dem Halbsatz: »Wenn Sie glauben, dass ich während eines Viertelfinales bei einer Europameisterschaft beim Auftreten aufs Fernsehen verzichte ...« Ich mache also Ausschnitte aus meinem Fußballprogramm »Echtes Leder« und halte das Publikum zwischendurch über das Spiel auf dem Laufenden.

Kurz vor Beginn der Verlängerung bin ich mit dem zweiten und letzten Block durch. Um meinen Tisch versammelt sich eine ebenso freundliche wie kompetente Runde von Herren im mittleren Alter. Wir könnten Väter der jungen russischen Spieler sein, und in einigen Augen glimmt ein wehmütiges: »So einen Sohn hätte ich auch gern!« Nun, ich habe zwei davon, aber das nur am Rande.

Mittwoch, 25.06.08

Eins ist klar: Sollten wir Europameister werden, ist es völlig undenkbar, dass der Nachwuchs nicht im Meistertrikot schlafen kann. Also flugs noch zwei besorgt, ja sogar eines für die Gattin obendrauf. Und, oh Wunder! Sie freut sich drüber!

Abends fahren wir alle vier in einheitlichen Trikots zum Bootsmann, der gestern Geburtstag hatte und heute sich und das Erreichen des Finales feiern möchte. Es sind noch andere Kinder anwesend, welche die meinigen gleich adoptieren und mit ihnen im Garten bolzen. Ein paar Mal fliegt der Ball in den Goldfischteich, und ich warte darauf, dass ein paar Fische mit dem Bauch nach oben schwimmen.

Allenthalben herrscht die Meinung vor, dass wir die Türken locker und hoch schlagen. Diesmal bin ich skeptisch, finde mahnende Worte. Die deutsche Mannschaft zeigt sich bass erstaunt, dass die Türken Tempo machen und einen infernalischen Einsatz zeigen. Ich finde, da hätte man im Verlaufe des Turniers durchaus drauf kommen können. Der türkische Trainer Fatih Term wirkt ausgeglichen und cool. Jedenfalls verglichen mit Joachim Löw, der seine Spieler am liebsten unter die nächste Tram schubsen würde.

Aber wie der Bastian den Ausgleich erzielt, das hat schon was.

In der Pause kriegt der Thronfolger beim Fußballspielen den Ball aufs Auge. Zuerst fließen Tränen, die aber gleich versiegen, als seine Mutter ihm erzählt, da habe er ja fast die gleiche Verletzung wie der Simon Rolfes. Mein Sohn fühlt sich, als sei er gerade eingewechselt worden.

Als in der zweiten Halbzeit ein paar Mal das Bild ausfällt, ja sogar statt Manni Breuckmann auf WDR 2 nur Musik läuft, kommt es beinahe zu Ausschreitungen. Jetzt treiben tatsächlich zwei Goldfische kieloben.

2:1 durch Klose. Alles scheint klar. Dann lässt sich Lahm an der Seitenlinie austanzen, Jens Lehmann geht auf die Knie, der Ball ist drin. Der Zweitgeborene meint: »ICH hätte den gehalten!« Ich gebe ihm recht. Der Thronfolger versteht schon etwas mehr vom Spiel und sagt: »Ich hätte die Flanke gar nicht zugelassen!«

Aber der Lahm hat nur Spaß gemacht und erzielt in der Neunzigsten den Siegtreffer.

Auf der Heimfahrt stelle ich fest, dass meine Frau mich nach zehn Jahren Beziehung und acht Jahren Ehe immer noch überraschen kann. Auf der A 43 meint sie, kurz vorm Abbiegen auf die A 40: »Ach, lass uns doch vielleicht einen Beamer anschaffen. Dann können wir zu Hause die Spiele auf der Leinwand sehen.«

In diesem Moment weiß ich: Nicht nur wird diese Ehe ewig wären. Irgendwann kriege ich sie dazu, im Stadion Schmähgesänge gegen die andere Mannschaft zu brüllen.

Sonntag, 29.06.08

Finaltag. Irgendwann erwische ich meine Frau, wie sie in den Rohkostsalat, den sie gerade zu bereitet, starrt und murmelt: »Wird Ballacks Wade halten?« Der Einsatz des Capitano ist fraglich. Die Wade hat »zugemacht«.

Gegen achtzehn Uhr installiere ich den Beamer. Ja, ich habe ihn wirklich gekauft. Wenn eine Frau ihren Mann geradezu auffordert, ein technisches Gerät zu erwerben, ist der Mann meistens schon im Elektronikgroßmarkt, bevor sie den Satz zu Ende gesprochen hat. Das ist ein Klischee. Aber diese Klischees müssen ja irgendwo herkommen. Und ich habe es nicht nötig, mich künstlich interessant zu machen, indem ich darauf poche, originell zu sein.

Am Donnerstag, beim zweiten Halbfinale zwischen Spanien und Russland, hat alles prima hingehauen. Heute nicht.

Die obere Bildbegrenzung verläuft fast diagonal über die Leinwand. Ich mache und tue und flappe durchs Menü – es ändert sich nichts.

Ich gehe nach draußen und bin versucht, den Riesenrhododendron vor dem Haus zu entwurzeln und ihn mit bloßen Händen klein zu häckseln. Ja, ich habe Probleme mit der Selbstbeherrschung, Euer Ehren.

Ich beruhige mich so weit, dass ich den Kaiser der Fußballkultur Ben Redelings, der bei seinen Auftritten ständig mit Beamer arbeitet, anrufen kann. Der sitzt schon im »Freibeuter«, glüht vor und erzählt mir was von seinem Melatonin-Problem. Redelings kann nicht schlafen, wenn er blau ist, weil seine Zirbeldrüse dann angeblich zu wenig von diesem Hormon produziert. Ich heuchle Interesse und werde weitergeleitet an »den Brand«, der als Videokünstler von diesen Dingen mehr versteht.

Der Anstoß rückt näher.

Es dauert weitere zwanzig Minuten. Dann finden wir heraus, dass der Tisch schief steht! Ich hatte den Beamer zur Tischkante ausgerichtet, aber seit Donnerstag muss jemand gegen den Tisch gestoßen sein und ihn verschoben haben.

Die Diagonale ist weg. Die Gäste treffen ein. Ich bin blass und schweißgebadet.

Beim Anpfiff ist klar: Die Wade der Nation hat wieder geöffnet. Zunächst keimt Hoffnung auf. Zehn Mann und eine Wade wirken sehr konzentriert. Dann zwei, drei Fehlpässe, und der ganze Zauber ist vorbei. Torres trifft.

Im Laufe der zweiten Halbzeit kehrt fast so etwas wie Ruhe ein. Schon zehn Minuten vor Schluss arrangieren sich die meisten mit der Niederlage. Das ist nicht gerade gelebtes Ultra-Fantum, aber wenn man so derartig unterlegen ist, muss man es einfach anerkennen. Gefühlt ist das ein 0:3.

Am nächsten Morgen statte ich dem EM-Studio in der Garage von Alex M. einen Abschiedsbesuch ab. Alex musste gestern, wie schon beim Halbfinale, noch einen zweiten Fernseher in der Auffahrt aufstellen, weil der Andrang so groß war. Als er nicht hinsieht, schneide ich ein Stück aus dem Kunstrasen heraus, mit dem die Garage ausgelegt ist.

Irgendwie ist jetzt auch gut. Drei Wochen sind genug. Wir sind Papst, aber nicht Europameister.

Und heute Abend gucken wir mal wieder einen Krimi.

Nachwuchsförderung

VI

Bielefeldbesieger

Noch bevor ich Vater wurde, hatte ich versucht, mich möglichst gründlich auf das Kommende vorzubereiten, zum Beispiel auf unangenehme oder schwer zu beantwortende Fragen. Noch bei der Zeugung dachte ich: Pass schön auf, das musst du bestimmt irgendwann mal erklären! Die Frage, wo die kleinen Kinder herkommen, hätte mich also nicht aus der Bahn geworfen. Mit der Frage, die der Thronfolger mir eines sonnigen Nachmittages im Sommer 2006 stellte, hatte ich allerdings nicht gerechnet: »Du Papa, wie oft war der VfL Bochum eigentlich schon Deutscher Meister?«

So war Papa zum letzten Mal ins Stammeln gekommen, als er Mama kennenlernte: »Tja, äh, also, da muss ich mal nachdenken, ich glaube, also, wenn ich ehrlich bin, äh, keinmal.«

Das Kind erbleichte. Und schob gleich die nächste Frage nach: »Und der FC Bayern?«

»Na ja, also, das ist, äh, eigentlich nie, aber offiziell dann doch, also irgendwie dann unverdient doch so ...« Papa senkte die Stimme und flüsterte: »... so um die zwanzig Mal.«

Gegen die Gesichtsfarbe des armen Jungen wäre ein Bettlaken bunt gewesen. Und in diesem kleinen, hübschen Gesicht stand die Frage geschrieben, wie denn der großmächtige Papa, der so klug ist und überhaupt alles kann, außer Spinnen totschlagen (wofür bei uns Muttern zuständig ist), Fan einer Mannschaft sein kann, die noch nie ... Und wieso er selbst denn jetzt auch ...

»Also, schau mal«, versuchte ich zu retten, was zu retten war, »erstens sind wir Bochumer, wohnen nur ein paar hundert Meter vom Stadion entfernt, und zweitens sind die anderen Bayern und ...«

»Aber die Mama kommt doch auch aus Bayern!«

»Nicht ganz, die kommt aus Franken, aus der Nähe von Nürnberg ...«

»Und wie oft war Nürnberg schon Deutscher Meister?«

»Das ist doch jetzt egal. Jedenfalls sind wir Bochumer netter, und wir haben die schöneren Trikots. Außerdem: Jede Woche gewinnen und jedes Jahr Deutscher Meister werden – das ist doch langweilig. Alle sechs Wochen gewinnen und Vierzehnter werden – das hat doch was! Da kann man sich noch richtig freuen!«

Es blieb also noch viel zu tun.

Die »Weltmeisterschaft im eigenen Lande« war sehr hilfreich, um die zarte Glut der Leidenschaft fürs Kicken, die Ruhrgebiets-Kindern ins Genom eingebrannt ist, zu schüren. Nun aber galt es, die Faszination in den Alltag, sprich: in die Bundesliga hinüberzuretten.

Zu Beginn der Saison 2006/2007 erfüllte der Thronfolger

schon länger die wichtigste Voraussetzung für den Besuch eines Bundesligaspiels: Er konnte im Stehen pinkeln.

Nun wissen wir alle: Der erste Stadionbesuch ist ein tiefer Einschnitt im Leben eines jungen Menschen. Mir als Vater oblag es, auszuwählen, welches sein erstes Spiel sein sollte. Im ersten Heimspiel kamen die Bayern, und ich dachte: Gleich so hoch einsteigen? Mit einem Sieg gegen den Rekordmeister? Doch das Risiko erschien mir zu groß, und tatsächlich holten wir uns die erwartete, wenn auch knappe Niederlage ab.

Das nächste Heimspiel war gegen Cottbus: Die mussten wir doch weghauen! Doch irgendetwas ließ mich zögern. Tatsächlich handelten wir uns ein völlig unnötiges 0:1 ein. Inklusive des 1:2 in Mainz waren wir also mit drei Niederlagen in die Saison gestartet! Wie sollte man da den Bengel auf Spur bringen!

Dann aber die Wende: ein Punkt in Nürnberg! Und plötzlich war klar: Gegen Bielefeld musste es sein!

Schon Tage zuvor bereitete ich das Kind auf das große Erlebnis, das sein Leben verändern würde, vor: »Weißt du, im Stadion ist es immer sehr laut. Da wird geschrien, gesungen und auch geschimpft. Und auch der Papa ist ein bisschen anders als zu Hause. Das ist aber in Ordnung. Beim Fußball darf man das.« Der Junge sah mich an, als träfe er mich zum ersten Mal.

Am 24. September 2006 war es so weit: Mein älterer Sohn betrat zum ersten Mal ein Fußballstadion anlässlich eines Bundesligaspiels. »Schau!«, sagte ich. »Dies alles soll einmal dir gehören! Da ist der Rasen, da sind die Männer, da ist das Bier (für ihn natürlich Apfelschorle, die aber aussieht wie Bier, weshalb einige Sitznachbarn sehr komisch guckten),

da ist die Wurst, da sind die Gesänge, die schmutzigen Wör-
ter – eine neue Welt!«

Für den pädagogisch denkenden Vater war das Spiel ein
Traum: Der VfL liegt erst 0:1 hinten, gewinnt dann aber
doch noch 2:1. Das Kind musste also erkennen: Man darf
nicht aufgeben, dann wird man am Ende auch belohnt.

Dass das Schwachsinn ist, stellte sich leider schon beim
nächsten Auswärtsspiel in Aachen heraus: Der VfL war die
bessere Mannschaft, verlor aber dennoch 1:2, und mein
Sohn brachte es auf den Punkt: »Es hat sich aber so ange-
fühlt, als hätten wir gewonnen.«

Dieses Gefühl sollten wir in der restlichen Saison noch ein
paar Mal haben, doch am Ende erreichten wir den 8. Platz
und standen verdammt gut da.

Und da wir auch das Rückspiel gegen Bielefeld gewan-
nen, zog mein Sohn am Ende ein überaus treffendes Fazit:
»Du, Papa, diesmal sind wir zwar nicht Deutscher Meister
geworden, aber immerhin sind wir die Bielefeldbesieger.«

Bielefeldbesieger 2006/2007 – diesen Titel kann uns niemand mehr nehmen.

Abends heißt der Gekas Grote

Künstler machen ja manchmal so Phasen durch. Die blaue
Periode, der pinke Abschnitt oder die Jahre, in denen einer
nur Butterbrote malt. Der VfL hatte in der Saison 2006/2007
seine griechische Phase. Bekanntlich wechselte Theofanis
Gekas für eine Extraportion Kopfschmerztabletten in einen
Kölner Vorort, doch wer nun glaubt, er sei hier vergessen,
der irrt. Kinder haben ein gutes Gedächtnis (meine jeden-

falls), und es fällt ihnen immer wieder etwas Tolles ein, um einen verdienten Spieler zu ehren.

Und so begab es sich, dass mein Zweitgeborener zum Geburtstag im Juni letzten Jahres einen mittelgroßen Schäferhund aus Plüsch geschenkt bekam, der einen Namen brauchte. Kinder, die dann auf so einen Quatsch kommen wie »Bello« oder »Fifi« oder »Wau-Wau«, fristen später ein Dasein als soziale Randexistenzen, konsumieren gefährliche Drogen, treiben antriebslos dahin oder werden sogar BVB-Anhänger. Dass bei uns so etwas nicht droht, war mir klar, als mein Sohn mich ansah und sagte: »Der Hund heißt Gekas!« – »Ach«, sagte ich, »das ist ja eine tolle Idee. Und wieso?« – »Weil der so schnell ist, der Hund.« – »Aber wenn es um Schnelligkeit geht, könntest du ihn auch Papa nennen!« – »Nein, der Hund ist noch schneller!« Um mir das zu beweisen, warf mein Sohn das Tier vom Balkon im ersten Stock – und tatsächlich, das Tier war schneller unten, als der durchschnittliche Bundesliga-Abwehrspieler »Hintermann« rufen kann.

Gekas verbringt nun ganze Tage mit meinem Sohn. Schnell ist er allerdings nur, wenn man ihn irgendwo runterwirft. Zu den Stöckchen, welche die Kinder im Wohnzimmer durch die Gegend werfen, muss man ihn hintragen. Ansonsten sieht er uns gern beim Mittagessen zu und kriegt ganz glasige Augen, wenn wir uns Kräuterquark auf die Pellkartoffeln schaufeln.

Andere Kinder sind bass erstaunt und sehr neidisch, wenn sie hören, dass Gekas bei uns wohnt. Wenn sie rauskriegen, dass es sich um einen Plüschhund handelt, schlagen sie zurück, in dem sie ihren Teddy plötzlich »Imhof« nennen. Auch ein Playmobil-Polizist namens »Maltritz« gehört nun zu unserem Bekanntenkreis. »Der passt auf, dass keiner rauskommt.« – »Wo raus?« – »Aus dem Gefängnis.« – »Aber der Marcel Maltritz passt doch auf, dass keiner reingeht. Also ins Tor.« – »Du musst noch viel lernen, Herr Goosen!« (Wo haben die Blagen das heute nur her?)

Ein paar Wochen nachdem Gekas Teil unserer Familie geworden war, durfte er auch bei meinem Sohn übernachten, immerhin war er stubenrein und rammelte auch nicht bei Fremden ans Wadenbein, wie Pudel das manchmal tun. »So«, sagte ich eines Abends, »den Gekas legen wir mal hier ans Fußende, da passt er auf dich auf.« – »Grote.« – »Wie meinen?« – »Abends heißt der Gekas Grote!« Ich versuchte, mich zu erinnern, ob der Grieche bei Flutlichtspielen irgendwelche Unsicherheiten gezeigt hatte, beherzigte dann aber den Wahlspruch jedes Humoristen: Hör auf, dich zu wundern, fang an, drüber zu schreiben.

Am gleichen Abend kramte ich einen alten Steiff-Dackel hervor, der zwischen 1969 und etwa 1974 mein ständiger Begleiter gewesen war. »Wer ist das denn?«, wollte meine Frau wissen, als das Tier abends bei uns auf der Bettkante saß. »Ach«, sagte ich, »das ist nur der Woelk. Aber tagsüber heißt er Eggeling. Verdammt schnell, das Viech!« Wie gesagt, Künstler machen manchmal so Phasen durch.

Name the Baby

Ein etwas zweifelhafter Brauch ist es, den eigenen Kindern die Vornamen verdienter Spieler des Lieblingsvereins zu geben. Früher mochte das ja noch angehen, da blieben die Spieler länger als ein, zwei Jahre, und es gab auch so klangvolle und poetische Namen zu vergeben wie Heinz-Werner, Hermann, Jürgen, Josef oder Walter. Heutzutage geht es da sehr viel internationaler und exotischer zu.

Nehmen wir als Beispiel mal unseren Nachbarn im Westen: Da wurde, wie mir eine Hebamme aus Gelsenkirchen-Buer versicherte, selten Wert darauf gelegt, ob Vor- und Nachname zueinander passten. So ging die Verehrung für einen zugegeben nicht unsympathischen dänischen Stürmer so weit, dass Säuglinge auf den Namen »Ebbe« getauft wurden. Das mag in Dänemark ein ganz gängiger Vorname sein, nur klingt es irgendwie nicht ganz so toll, wenn man hinten immer noch Plachetta heißt. Ob es heutzutage wieder »in« ist, sein Kind Gerald zu nennen, entzieht sich meiner Kenntnis.

Fußballspieler selbst sind ja auch nicht vor Geschmacksverirrungen gefeit. So begab es sich, dass dem Spieler Michael Kostner, der unter anderem für den Hamburger SV und den 1. FC Köln tätig war, ein Sohn geboren wurde, und Vattern hatte nix Besseres zu tun, als das Kind »Kevin« zu nennen. Schon fast beruhigend, dass die Karriere des amerikanischen Schauspielers Kevin Costner mittlerweile so sehr im Sande verlaufen ist, dass dem Kind hoffentlich bleibende Schäden erspart bleiben werden.

Dass die Leidenschaft für einen Verein auch unter Fußballjournalisten bunte Namensblüten treibt, durfte ich feststellen, als nach dem Erscheinen des »Kleinen Stadionknigge« ein Fernsehbeitrag für »Zeiglers wunderbare Welt des Fußballs« darüber gedreht wurde. Der zuständige Redakteur gab sich mir gegenüber ganz ungeniert als Anhänger von Arminia Bielefeld zu erkennen. Na gut, es gibt Schlimmeres.

Als wir auf den Toningenieur und den Kameramann trafen, versuchte der Redakteur, eine gute Stimmung herzustellen, indem er ungefragt darauf hinwies, er sei komplett entspannt, da er heute zum ersten Mal seit der Geburt seiner Tochter wieder Verkehr gehabt habe. Worauf der Tonmann wissen wollte, wie alt die Tochter denn sei? Sieben Monate, gab der Redakteur zurück. Der Tonmann war entsetzt. »Du hast sieben Monate nicht? Ich hab auch Kinder! Zwei Monate!« Als der Redakteur den Mann am Mikro daraufhin als »Sexmonster« bezeichnete, wurde mir die Sache zu intim und ich drängte darauf, endlich mit der Arbeit zu beginnen. Um die Stimmung nicht zu torpedieren, fragte ich den Redakteur, wie denn seine Tochter heiße. Der erste Name des Kindes tut hier nichts zur Sache, der zweite aber lautete tatsächlich »Arminia«. Ich glaubte an einen Scherz, aber das war keiner! Und der Mann hatte für das Mädchen auch schon ganz konkrete Pläne: Er habe da eine Bekannte, die sei von Bielefeld nach Bocholt gezogen und habe dort einen geheiratet, der mit Nachnamen Bielefeld heiße. Die beiden hätten einen Sohn bekommen, und der solle nun später mal die Tochter des Redakteurs heiraten, damit sie, sicher voller Stolz, mit dem Namen »Arminia Bielefeld« durchs Leben gehen könne.

Das war mal wieder so ein Moment, wo ich mich so irritierend normal fühlte.

Und voller Verwunderung fragte ich mich: Wer zieht freiwillig von Bielefeld nach Bocholt?

Gemischte Gefühle

Selten bin ich mit derart gemischten Gefühlen zu einem Fußballspiel gefahren wie an Ostern 2008 zum Auswärtsspiel nach Nürnberg. Der fränkische Zweig unserer Familie steckt als amtierender Pokalsieger mitten im Abstiegskampf, und jetzt kommen wir daher und wollen ihnen noch mal drei Punkte abknöpfen. Herrje, sicher will ich gewinnen, habe auch brav in der Tipprunde zwonull für uns getippt, aber natürlich möchte ich nicht, dass der Club absteigt. Vier Minderjährige, mit denen ich qua Heirat verwandt bin, hängen daran. Und, verdammte Kacke nochmal, ich weiß, wie sich Abstieg anfühlt.

Meine Nichte empfängt mich einen Tag vor dem Spiel mit Club-Schal. Immer mehr Mädchen interessieren sich ja für Fußball – eine Entwicklung, die ich sehr begrüße. Man kann sich einfach mit noch mehr Menschen darüber streiten.

Leider hat meine pubertierende Nichte die Fesseln ihrer geschlechtsspezifischen Sozialisation noch nicht abgestreift, will heißen, sie interessiert sich für Fußballer in erster Linie unter romantisch-erotischen Gesichtspunkten. Schon seit Längerem ist sie in den Nürnberger Abwehrspieler Javier Pinola verknallt. Ein Blick ins Panini-Sammelalbum beweist uns immerhin, dass Äußerlichkeiten für sie keine große Rolle spielen. Der Argentinier ist ungefähr so schön wie ein Autobahn-Dreieck.

An der Zimmertür der entflammten jungen Frau hängen nicht nur die üblichen Aufforderungen, sich hier doch bitte fernzuhalten, sondern auch ein Hochzeitsbild des von ihr Verehrten. Das aber ist kein Masochismus, sondern eher

Voodoo: Das Gesicht von Pinolas Angetrauter ist durchgestrichen, und daneben steht das Wort »Böse!«.

Na gut, das Mädchen hat es nicht leicht: Zwei ältere und ein jüngerer Bruder nähren in ihr den Verdacht, als Einzige in ihrer Familie über mehr als drei Gramm Hirngewicht zu verfügen. Einer der älteren gibt auch gleich unaufgefordert zu Protokoll, in ihrem »Federmäppchen« habe sie ein weiteres Exemplar desselben Hochzeitsbildes, nur sei da der Kopf der Spielerfrau durch ihren eigenen ersetzt. Petze! Selbstverständlich werde ich das nicht in einem Text verwenden!

Beim Abendessen verrät ihr Vater mir, dass mittlerweile auch Nicky Adler hoch im Kurs stehe. Was mich mal wieder zu der Frage bringt: Wieso stehen junge Mädchen immer auf Jungs, die aussehen wie junge Mädchen?

Beim Abendessen ebenfalls mit am Tisch: Neffe Nummer zwo, der mittlerweile etwas gemacht hat, das in seinem Umfeld Verwunderung hervorgerufen hat, nämlich eine Schiedsrichter-Ausbildung. Seit einigen Monaten läuft er über fränkische Sportplätze und zieht den Zorn der am Spielfeldrand stehenden Trainer, Väter und Rentner auf sich. Mit diesem offenbar angeborenen Masochismus könnte der Junge glatt als VfL-Fan durchgehen.

Was beim Abendessen auffällt: Mit drei pubertierenden Kindern verschärft sich auch in einer gutbürgerlichen, auf Benehmen Wert legenden Familie der Ton. Der Schiedsrichter-Neffe lässt sich nicht nur die Haare wachsen, als hätten wir wieder 1967, sondern hat sich bei der letzten Wäsche im Shampoo vergriffen und das seiner Schwester benutzt. Seine Haare sehen jetzt aus, als hätte er sie Weihnachten das letzte Mal gewaschen. Meinem Schwager passt das alles nicht. Aber wo er früher, seiner guten Kinderstube eingedenk, in vernünftigen Worten und maßvollem Ton an das ästhetische Empfinden seines Sohnes appellierte, setzt es heute ein: »Dann lass dir doch die Haare bis zum Arsch wachsen!« Als die Nichte auch noch von einem mal wieder komplett überflüssigen Streit mit einem ihrer Brüder erzählt, lässt mein Schwager ein herzhaftes: »Hau ihm doch in die Eier!« heraus. Der Mann ist immerhin Professor. Mein Einfluss beginnt Früchte zu tragen.

Am Spieltag schneit es morgens Flocken, so groß wie Eisbären-Babys. Nach wie vor bin ich auf Deeskalation bedacht und vermeide Schmähreden auf den heutigen Gegner. Diese Zurückhaltung wird mir nicht gedankt. Im Gegenteil, man sieht mich als leichtes Opfer. »Fünf Stügg krrriegd ihr heude!«, heißt der vorläufige Höhepunkt, und irgendwann ist eben Schluss. Ich instruiere meine eigenen Kinder, wir bauen uns im Esszimmer auf und singen mehrstimmig, auf die Titelmelodie von »Flipper«: »Wir singen Nürnberg, Nürnberg, Zwa-heite Liga / Oh ist das schön, euch nie mehr zu seh'n.« Ich gebe zu, Deeskalation sieht anders aus.

Bereits eine Stunde vor Anpfiff sind wir im Stadion. Dummerweise sitzen wir in komplett unterschiedlichen Blocks, weil ich die Karten für mich und den Thronfolger geschenkt bekommen habe, während wir die für Frau und Zweitgeborenen gekauft haben. Der Schiedsrichter-Neffe sitzt noch mal woanders, und die restliche Nürnberger Familie ebenfalls.

Zeit genug, sich dem Vorprogramm zu widmen. Das übliche Hin und Herr von Werbung und kleinen Programmpunkten. Der Stadionsprecher versieht seinen Dienst angenehm unaufgeregt. Wegen der prekären sportlichen Situation spiele man heute eigens etwas härtere Musik. Das soll sich positiv auf den Einsatzwillen und die Aggressivität der Spieler auswirken. Härter als »Thunderstruck« wird es dann aber doch nicht.

Einen frühen Höhepunkt erleben wir etwa eine halbe Stunde vor dem Spiel: Zwei zehnjährige Bengel werden auf der Trainerbank interviewt. Beide spielen natürlich auch Fußball. Der Stadionsprecher fragt den einen, ob er mit seinem Verein auch schon mal schwere Zeiten erlebt habe, was der Junge bejaht. Die nächste Frage lautet: »Und was machst du, wenn es mal nicht so läuft?« Darauf der Bengel ganz selbstverständlich: »Den Verein wechseln!« Das ist eindeutig nicht die Antwort, die der Stadionsprecher hören möchte.

Hinter uns sitzen zwei Bochumer. Man grüßt sich, kommt ins Gespräch. Vor dem Anpfiff geht der eine noch mal ablaufen lassen, der andere gibt ihm mit auf den Weg: »Bring ma no'n Bier mit. Ich bin unterhopft!«

Nach nicht mal fünf Minuten führen wir 1:0, keine drei Minuten später kassieren wir den Ausgleich. Sehr viel mehr müssen wir über dieses Spiel nicht erzählen. Außer, dass nach etwas mehr als zwanzig Minuten der Nürnberger Mnari verletzungsbedingt durch Dominik Reinhardt ersetzt wird – der wiederum nach etwa 180 Sekunden und *einer* Ballberührung mit Muskelfaserriss wieder raus muss. Rekordverdächtig.

Unterm Strich muss man festhalten, dass das mit der härteren Musik nichts gebracht hat. Vor Anstrengung gekotzt hat hier keiner.

Beim Post-Spiel-Bierchen, das für sie aus einer schaumi

gen Apfelschorle besteht, konstatiert meine liebeskranke Nichte mit finsterem Blick: »Wir haben zu wenig Drecksäcke in der Mannschaft.« Mir liegt auf der Zunge: »Na, immerhin habt ihr den 17. Platz verteidigt«, aber das verkneife ich mir aus Familiensolidarität.

Nachts höre ich vier Kinder leise weinen. Ach nein, das ist nur der Wind, der durch die Metall-Rollläden pfeift. Selten bin ich mit derart gemischten Gefühlen von einem Fußballspiel zurückgekommen.

Mit Verstand!

Die Kinder sind es ja immer wieder, die einen in die Schranken weisen. Als ich neulich mit dem Thronfolger eine leidenschaftliche Partie Tipp-Kick spielte und er einen Freistoß an der Strafraumkante herausholte, postierte ich zwei Abwehrspieler und den Keeper auf der Torlinie, aber der Ball ging trotzdem rein. »Wie hast du das denn gemacht?«, wollte ich wissen. Der Junge sah mich an und sagte keck: »Mit Verstand!«

Nun ist mein Älterer praktisch schon ein abgebrühter Stadionbesucher. Und sein kleinerer Bruder ist jetzt endlich auf dem Weg dahin: Beim Spiel gegen Leverkusen bestand er seine Feuertaufe. Das erste Bundesligaspiel im Alter von viereinhalb Jahren, und gleich gewonnen – ein schönes Gefühl. Vor allem für den Vater.

Wenn die Kinder größer werden und, wie in diesem Falle, in eine neue Lebensphase eintreten, dann ist das für Vattern einerseits bewegend, andererseits führt es ihm die eigene Vergänglichkeit vor Augen. Die nächste Generation rückt nach, bald werde ich an der Hand ins Stadion geführt, eine hässliche Bommelmütze auf dem Schädel, damit man die büschelweise aus den Ohren wachsenden weißen Haare nicht sieht, und mein Sohn ruft mit tiefer Stimme: »Lasst doch mal den alten Mann durch!« Heute kann ich nicht pinkeln, wenn einer danebensteht, später werde ich froh sein, wenn überhaupt was kommt. Oder nicht mitten in der Nacht, total überraschend.

Das mag sich übertrieben anhören, aber ich muss neuerdings immer öfter Seitenhiebe einstecken. Als ich gerade das Haus verließ, um zum Leverkusen-Spiel zu gehen, kam mir so ein Bengel entgegen, der für einen Hungerlohn Briefkästen mit Werbezetteln verstopft. Da er zu faul war, bis zur Tür zu gehen, drückte er mir die Werbung für eine Fahrschule in die Hand und sagte: »Darf ich Ihnen das so geben? Vielleicht für Ihre Enkel!« Enkel!! Vielleicht sollte ich mir doch Gedanken über ein Haarteil machen.

Mein Zweitgeborener bewegte sich im Stadion, als sei er hier geboren. Sein Bedürfnis, auch bei einem Spiel gegen eine Mannschaft aus dem Rheinland Schmähgesänge gegen direkte Nachbarn anzustimmen, wies ihn als Kind der Region aus. Den Brezelverkäufer stoppte er routiniert mit einem beherzten Griff an den Backwaren-Korb, und auch Ausrufe wie »Schiedsrichter Pillemann!« zeigten mir, dass ich in den letzten Jahren gut gearbeitet hatte. Nur als er sich kurz vor der Halbzeit alleine zum Bierstand aufmachte, musste ich ihn doch zurückhalten. Immerhin war auch seine Mutter mit dabei, und die muss ja nicht alles wissen.

In Anwesenheit seines Bruders lief auch der Thronfolger wieder zu großer Form auf. Als in der zweiten Halbzeit unser, sagen wir mal: zweikampfstarker Kapitän ausgewechselt wurde, stand mein Sohn vor einem Rätsel: »Wieso wird denn der Zdebel ausgewechselt?« – »Weil er sich verletzt hat«, informierte ich ihn. Darauf der Bengel todernst: »Aber der verletzt doch sonst immer nur andere!« Und der Mann in der Reihe vor mir kriegte Bier in den Nacken gelacht.

Wie der Junge auf so etwas kommt? Nun, ich würde sagen: Mit Verstand! Nur: Wo hat er den her?

Die Wochenenden der nächsten Jahre

Und wenn Sie denken, Bundesligaspiele seien nervenaufreibend oder Pokalspiele mit Verlängerung und Elfmeterschießen, dann warten Sie mal ab, bis Ihre Kinder einem Fußballverein beitreten.

Meine Frau und ich hatten geplant, das noch ein wenig nach hinten zu verschieben – zum Beispiel, bis einer unserer beiden Söhne den Führerschein hat, aber das war natürlich naiv. Man kann eben nicht hoffen, dass der Nachwuchs vom Vater neben der Fußballbegeisterung auch den Unwillen gegen organisierte körperliche Betätigung erbt. Dabei war uns ja schon lange klar: Ohne Organisation geht bei Kindern heute gar nichts mehr. Der Terminkalender unserer Söhne ist meistens voller als unser eigener. Eltern sind heute vor allem Vorzimmerdamen und Eventmanager.

Ich bin ein Kind der Siebzigerjahre, und damals waren unsere hart arbeitenden Eltern froh, wenn wir nicht zu Hause waren. In den Schulferien kriegten sie uns höchstens zum Mittagessen zu Gesicht, ansonsten wurde gepöhlt, was die

Gelenke hergaben. Die Besten von uns traten einem Verein bei und gingen einem mit dem ganzen Schrott, den sie da lernten, erst mal gehörig auf die Nerven, bis sie von einem wie meinem großmäuligen Kumpel Mücke zwei-, dreimal umgesenst wurden, dann war Ruhe im Schiff. Das Ganze war arg improvisiert, die Torpfosten bestanden aus Jacken oder Stöcken. Ich weiß, das hört sich ein bisschen so an wie »Früher war alles besser!«. Aber man wird so, wenn man über vierzig ist. Ich jedenfalls. Und wer jünger ist, kann mir nicht das Gegenteil beweisen.

Heute werden die Kinder schneller erwachsen (haben unsere Eltern auch schon über uns gesagt) und müssen allgemein mehr leisten (dito). Jeder muss jetzt im Verein spielen. Jeder. Und etwa ab Herbst 2007 floatete der Thronfolger dieses Thema ins Familiensystem ein, bis meine Frau und ich davon überzeugt waren, es sei eine gute Idee, auf die wir ganz allein gekommen waren.

Bei uns um die Ecke spielt DJK Arminia Bochum, 1926 gegründet, Vereinsfarben Grün und Weiß, eine echter Traditionsverein, noch dazu fußläufig erreichbar. Zunächst ist nur von einem Probetraining die Rede. Kurz vor Ostern 2008 finden wir uns in der Turnhalle der Heinrich-Böll-Gesamtschule ein. Mir war gar nicht klar, dass man den Geruch von Gummisohlen und Jugendschweiß tatsächlich vermissen kann. Durch Zufall war ich als Zwölfjähriger in den Hallenhandball abgerutscht und hatte sechs Jahre lang den größten Teil meiner Wochenenden in Turnhallen verbracht.

Der Trainer erinnerte mich an eine Figur aus einem Asterix-Comic, ich kam aber nicht drauf, an welche. Irgendein Römer. Der Mann schätzt die klare Ansprache, lobt, tadelt, hebt schon mal die Stimme, nimmt die Bengel aber auch auf den Arm, wenn sie zwei Meter vor dem leeren Tor freistehend vergeben. Dreimal schießt der Thronfolger aufs Tor, knapp daneben. Jedesmal höre ich jemanden dabei halb unterdrückt schreien. Als alle mich grinsend anblicken, wird mir klar, dass ich das bin. Der immerhin erst knapp über viereinhalb Jahre alte Zweitgeborene geht gut auf den Ball, wehrt zweimal in der Manier eines Weltklasse-Verteidigers ab. Am Ende des Trainingsspiels (!) bin ich mit den Nerven runter: »Wir« haben nur unentschieden gespielt.

Über Ostern ist Pause, danach Training nur noch draußen, auf dem neu angelegten Kunstrasenplatz. Gleich beim zweiten Mal werde ich von einer freundlichen Frau namens Andrea, die für die zuschauenden Eltern im Vereinsheim Kaffee kocht, mit den Anmeldemodalitäten vertraut gemacht: »Natürlich nur, wenn das für euch in Frage kommt ...«

Beim dritten Training kaufe ich bereits zwei Taschen mit Vereinsaufdruck und drücke Andrea die Anmeldungen in die Hand. »Das geht heute noch nach Duisburg«, sagt sie, und damit sind die Bengel am Samstag schon spielberechtigt.

Samstag? Da muss Papa doch nach München! Und am Abend vorher ist er in Hannover, wollte ursprünglich von dort aus Samstagmittag ganz gemütlich an die Isar fliegen, dort Witze erzählen und dem Auswärtsspiel des VfL beiwohnen! Aber das erste Spiel des Nachwuchses verpassen? Unmöglich! Also stocht Vattern Freitagnacht zurück nach Bochum und quält sich am Samstagmorgen aus den Federn. Um 10.00 Uhr Treffpunkt am Arminia-Sportplatz. Es gießt in Strömen. Der Trainer überrascht mit der Ankündigung, wahrscheinlich werde das Spiel gar nicht stattfinden, bei dem Sauwetter. »Aber wir kneifen nicht!«

Also fahren wir in Karawane nach Witten-Stockum. Auf der A 44 eine Regenwand, welche den überblickbaren Teil der Autobahn auf etwas unter 50 Meter herunterdimmt. Ich hätte ein sehr schönes Hotel in Hannover gehabt.

Der Thronfolger und der Zweitgeborene sind angemessen aufgeregt. Wir gehen noch mal Spielzüge und das Verhalten bei Standardsituationen durch. Ich bereite beide darauf vor, dass man ein solches Spiel auch verlieren kann. Das ist nicht wie im Kinderzimmer mit Papa, wo man rätselhafterweise immer wieder gewinnt. »Ich habe damals mein erstes offizielles Handballspiel mit 1:36 verloren. Und ich war NICHT derjenige, der das einzige Tor für uns gemacht hat!« Die Jungs nehmen meine Predigt gelassen hin: »Papa, wir sind Bochumer, wir wissen, was Verlieren heißt.«

Der TuS Stockum hat einen schönen Rasenplatz. Und die G-Junioren (so heißen die Mini-Kicker im Wettkampfbetrieb) tragen alle schöne rot-schwarze Trainingsanzüge. Ziemlich schnell einigt man sich darauf, die Partie nicht anzupfeifen. Platzsperre, wird gemurmelt, das kann man dem Rasen nicht zumuten. Wie schon Rolf Rüssmann sagte: Wenn wir nicht gewinnen, treten wir ihnen wenigstens den Rasen kaputt. Ist aber nicht so leicht, mit einer Horde Vier- bis Sechsjähriger.

Also findet das erste echte Spiel am nächsten Mittwoch statt. Ein Nachholspiel in Hattingen-Welper. 17.00 Uhr. Zu dumm. Vattern hat um 16.00 Uhr einen überaus wichtigen Termin in Essen, den kann er unmöglich absagen. Also beeilt er sich bei seinem Termin, hetzt von Essen nach Hattingen und kriegt noch die letzten zwei Minuten mit Der

Thronfolger spielt durch, der Zweitgeborene muss leider zuschauen, versucht aber, Spieler der gegnerischen Mannschaft umzugrätschen, wenn sie einen Ball holen, der ins Aus gerollt ist. Auf den Jungen ist Verlass.

Da auf Seiten vorn Arminia »viele neue Spieler integriert« werden müssen, der Gegner aber sehr gut eingespielt ist, gibt es eine ziemliche Klatsche. Irgendwas zwischen 2:9 und 2:11. Richtig gezählt wird hier nicht. Dafür bin ich ganz dankbar. Der Trainer kommt zu mir und teilt mir mit, dass Welper gegen Stockum übrigens zweistellig verloren habe. »Nur, um dir mal klarzumachen, worauf du dich hier eingelassen hast.«

Vor meinem inneren Auge sehe ich die Wochenenden der nächsten Jahre vor mir. Ich sehe abgewrackte Vereinsheime und peinliche Niederlagen. Ich sehe brüllende Väter und erkenne mich mitten unter ihnen. Aber das ist wieder eine ganz andere Geschichte. Beziehungsweise ein ganz anderes Buch.

Dank

Folgenden Sportkameradinnen und Sportkameraden sei für ihre ehrenamtliche Tätigkeit im näheren und weiteren Umfeld dieser Geschichten herzlich gedankt:

Ben und Nadine Redelings (bitte besuchen Sie auch: www.scudetto-blog.de und www.malente-fußballshop.de. Außerdem sei Bens Buch »Fußball ist nicht das Wichtigste im Leben. Es ist das Einzige!« empfohlen. Unter anderem, weil ich drin vorkomme.

Olli Birkner, dessen Italien-Kolumne »Übern Brenner« Sie unter www.kicker.de lesen können. Und sollten!

Patrick Birkner (P links, Ostkurve)

Scotty, Pädda, der Coach, der Orthopäde, Tommes, die »Blau-weiße Brille«, Cossi, Babs & Bärbel (Block-B-Fanatiker).

Oliver Domzalski, der schon vor zwei Jahren die Idee mit dem Titel hatte.

Christian Gruber, Jens Fricke und all die anderen Gäste-kabinenausfeger, die das Stadionmagazin des VfL Bochum (www.vfl-bochum.de) machen, für das viele der hier versammelten Texte entstanden sind.

Maria Goosen, die das alles aushalten muss und aus lauter Verzweiflung auch schon anfängt, sich für Fußball zu interessieren.

Texte, Videos, Informationen, Tourdaten, Kontakt und alles Weitere unter: www.frankgoosen.de